MÉTODO: GUITARRA Volume 1

BERKLEE PRESS

MÉTODO MODERNO PARA GUITARRA

william leavitt

Nº Cat.: 385-M

© Copyright 1966 Berklee Press

berklee press

Originalmente distribuído por

HAL•LEONARD® CORPORATION
7777 W. BLUEMOUND RD. P.O. BOX 13819
MILWAUKEE, WISCONSIN 53213

Todos os direitos reservados,
para a língua portuguesa no Brasil, a

Irmãos Vitale Editores Ltda.
vitale.com.br
Rua Raposo Tavares, 85 São Paulo SP
CEP: 04704-110 editora@vitale.com.br Tel.: 11 5081-9499

volume 1

Sumário

É importante estudar o material na ordem seqüente. O Índice na página 126 destina-se somente para referência e será de grande valia para revisão ou para técnicas específicas.

Seção I

Pág.	Conteúdo
3	Afinação, Pauta, Clave, Valores Comuns de Notas
4	Notas na Primeira Posição
6	Sea to Sea - De Mar a Mar (Duo)
8	Revisão de Notas e Acordes
10	Um, Dois, Três, Quatro (Duo)
11	Acompanhamento de Ritmo
13	Revisão (Lower Register)
14	Imitação de Duo
15	Sustenidos e Bemóis
16	Here We Go Again (Duo)
17	Acompanhamento de Ritmo - Notas e Acordes de Baixo
18	Colcheias - Contando e Palhetando
20	Etude Nº 1 (Duo)
21	Pausas, Ligaduras e Pontuadas
22	Etude Nº 2 (Duo)
22	Primeiro Solo
24	Acompanhamento de Ritmo
25	Segundo Solo
25	Etude Nº 3 (Duo)
27	Etude de Palhetada Nº 1 para Desenvolver a Mão Direita
27	Etude
28	Dois, Dois (Duo)
30	Tonalidade de G Maior (Primeira Posição)
30	Acompanhamento Rítmico
31	Semicolcheias
32	Duo em G
32	Etude de Palhetada Nº 2
34	Outro Duo em G
35	Chave de F Maior (Primeira Posição)
35	Acompanhamento Rítmico
36	Duo em F
37	A Nota Tríplices
38	Valsa em F (Solo)
39	Tonalidade de A menor (Primeira Posição)
39	Acompanhamento de Ritmo
40	Pretty Pickin' (Duo)
42	Colcheias com Pontos e Semicolcheias
43	Tonalidade de E menor (Escalas na Primeira Posição)
43	Acompanhamento de Ritmo
44	Take Your Pick
45	Acompanhamento Rítmico
46	Escala Cromática (Primeira Posição)
46	Estudos de Velocidade
47	Tonalidade de D menor (Escalas na Primeira Posição)
47	Acompanhamento de Ritmo
48	Estudo de Resistência - Estudo de Palhetada Nº 3
50	Escala de B♭ Maior (Escalas na Primeira Posição)
50	Acompanhamento de Ritmo
51	Duo em B♭
52	Estudo de Palhetada Alternada Revertida
53	Tonalidade de D Maior (Escala na Primeira Posição)
53	Duo em D
54	Estudo Dinâmico (Duo) Etude Nº 4
56	Tom de A Maior (Primeira Posição)
56	Acompanhamento de Ritmo
57	Tom de E♭ Maior (Escala na Primeira Posição)
58	Formas de Acordes Móveis
58	Tabela de Simplificação e Substituição de Acordes
59	Palhetada - Uma Técnica Diferente

Section II

Pág.	Conteúdo
60	Tocar em Posição
60	Escalas Maiores C Maior - Dedilhado Tipo 1, Segunda Posição
62	Estudo de Cordas Nº 1
63	Estudo Nº 5
64	Estudos de Leitura
66	Balada (Duo)
67	Formas de Acordes Móveis
68	Formas de Acordes
69	Acompanhamento de Ritmo - Técnica da Mão Direita
69	Estudo de Palhetada Nº 4
70	Escala F Maior
71	Formas de Acordes
72	Estudo de Acordes Nº 2
73	Outro Duo em F
74	Estudos de Leitura
76	Play It Pretty (Duo)
77	Formas de Acordes
77	Estudo de Notas Tríplices
78	Estudo de Velocidade - Dedilhado Tipo 1
79	Estudo de Velocidade - Dedilhado Tipo 1 A
80	Escala de G Maior - Dedilhado Tipo 2, Segunda Posição
81	Estudo de Colcheias e Semicolcheias Pontuadas
82	Valsa para Dois (Duo)
83	Formas de Acordes
84	Estudos de Leitura
86	Blues em G (Duo)
87	Estudo de Acordes Nº 3
88	Acompanhamento de Ritmo - Técnica da Mão Direita
88	Estudo de Palhetada Nº 5
89	Short and Sweet (Duo)
90	Escala de D Maior - Dedilhado Tipo 3, Segunda Posição
91	Formas de Acordes
92	Estudo Melódico de Ritmo No 1 (Syncopation)
93	Estudo de Acordes No 4
93	Staccato, Legato
94	Estudos de Leitura
96	Dee-Oo-Ett (Duo)
97	Formas de Acorde
98	Estudo de Velocidade - Dedilhado Tipo 2
99	Estudo de Velocidade - Dedilhado Tipo 3
100	Uma Escala Maior - Dedilhado Tipo 4, Segunda Posição
101	Estudo de Cordas Nº 5
102	Estudos de Leitura
104	Tres Sharp (Duo)
105	Estudo em Semicolcheias
105	Formas de Acordes
106	Estudo de Velocidade - Dedilhado Tipo 4, Segunda Posição
107	Formas de Acordes
108	Revisão da Segunda Posição
110	Formas de Acordes
111	Colcheias Triplas
112	Escalas Maiores na Terceira Posição
114	Revisão da Terceira Posição
116	Formas de Acordes
117	Escalas Maiores na Primeira Posição
118	Revisão da Primeira Posição
119	Escalas Maiores na Quarta Posição
121	Formas de Acordes
122	Revisão da Quarta Posição
124	Formas de Acordes
125	Notas do Autor
126	Índice

SEÇÃO UM

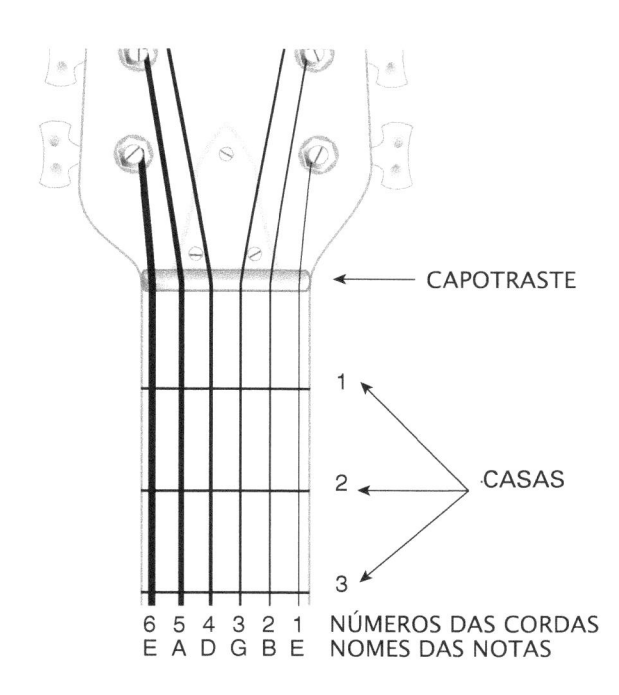

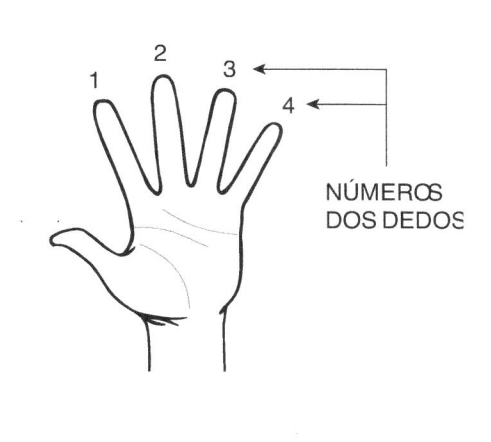

AFINAR A GUITARRA: (Usar o piano ou diapasão de sopro)

1. Afine a primeira corda solta ao primeiro E acima do C médio.
2. Aperte a segunda corda na 5ª casa e afine até soar idêntica à primeira corda solta.
3. Aperte a 3ª corda na 4ª casa e afine até soar idêntica à 2ª corda solta.
4. Aperte a 4ª corda no 5ª casa e afine a 3ª corda solta.
5. Aperte a 5ª corda na quinta casa e afine a 4ª corda solta.
6. Aperte a 6ª corda no 5ª casa e afine a 5ª corda solta.

A PAUTA: consiste de cinco linhas e quatro espaços, e é dividida em compassos por linhas verticais.

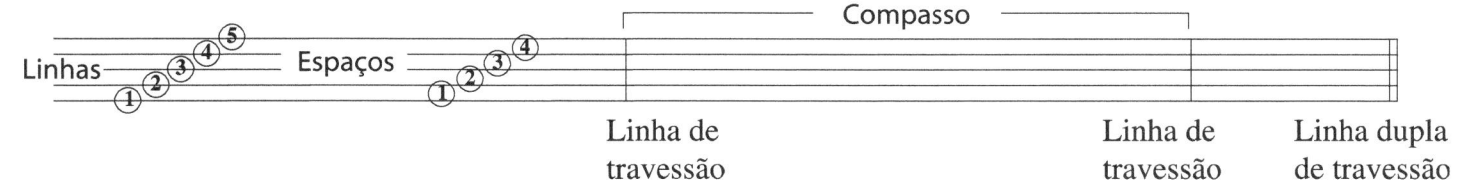

CLAVE: música para guitarra é escrita na clave de Sol ou G. Os sustenidos (#) ou (b) bemóis localizados ao lado da clave indicam o tom (o assunto será abordado adiante).

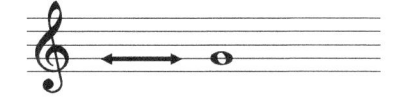

A clave de G mostra a posição da nota G.

VALOR DE DURAÇÃO DAS NOTAS:

semibreve	mínima	semínima	colcheias em grupos ou individuais
4 tempos	2 tempos cada	1 tempo cada	1/2 tempo cada

(Continua na próxima página)

FORMA DE COMPASSO: ao lado do símbolo da clave (no início de uma composição), você localiza os dois números (escritos em forma de fração) ou o símbolo que representa esses números. O número superior indica os pulsos por compasso e o número inferior indica qual a figura que recebe um tempo.

EXEMPLO: **4/4** significa quatro quartos ou quatro tempos por compasso, com uma semínima por tempo. O símbolo é **C**.

Notas na primeira posição:
Sem sustenidos ou bemóis - na clave de C Maior

A ordem das notas subindo a escala:
A B C D E F G, A B C D E F G, A B...
Comece em qualquer ponto e leia da esquerda para a direita.

■ EXERCÍCIO 1

Leia as notas, não a digitação. Os números indicativos da digitação serão omitidos mais tarde.

■ EXERCÍCIO 2

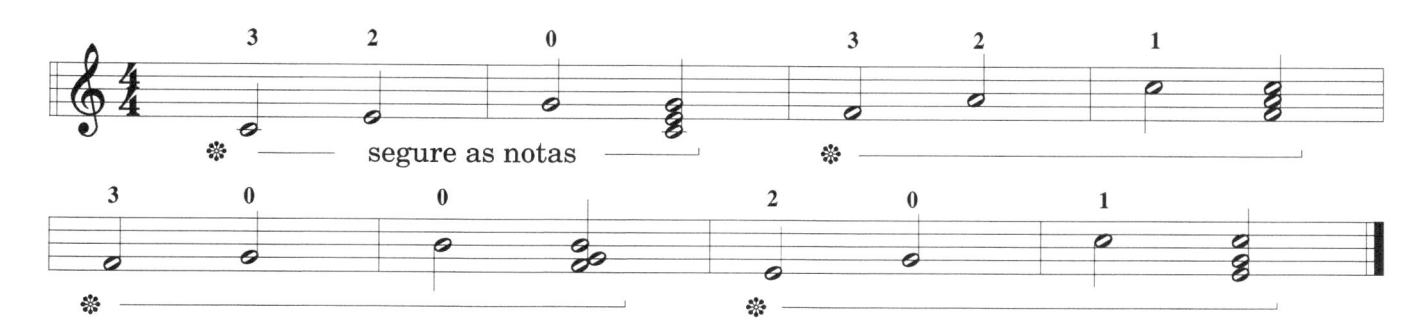

segure as notas

■ EXERCÍCIO 3

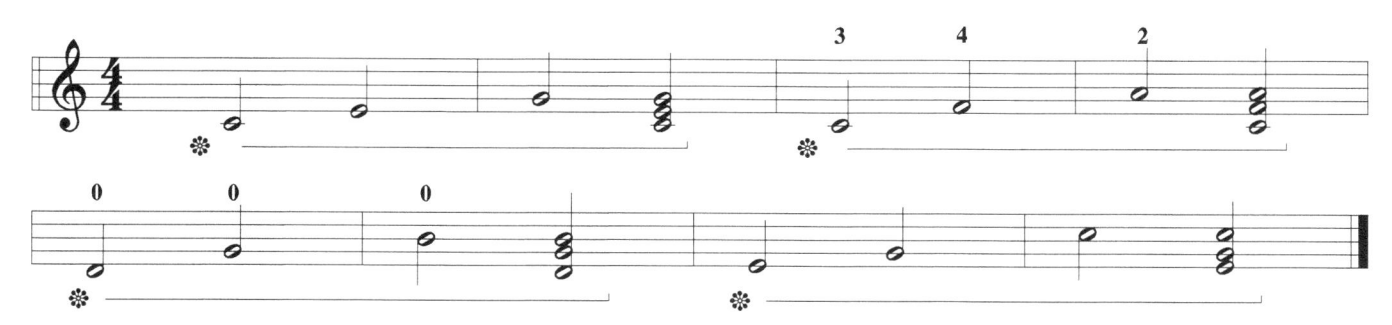

■ EXERCÍCIO 4

tempo 1 2 3 4   1 2 3 4   etc.

Sea to Sea - De Mar a Mar (Duo)

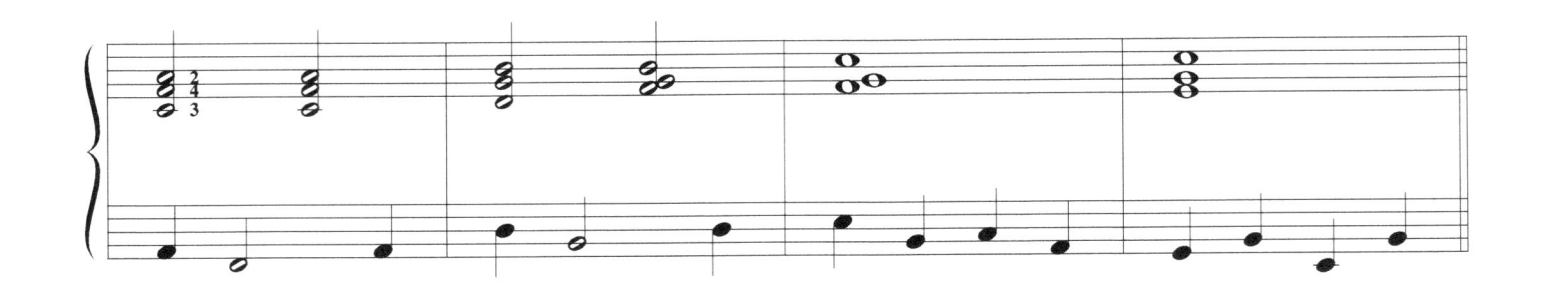

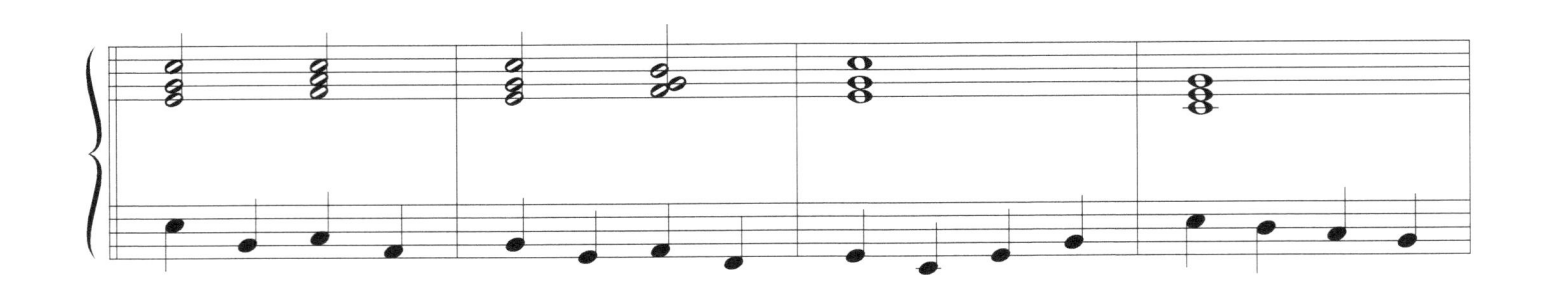

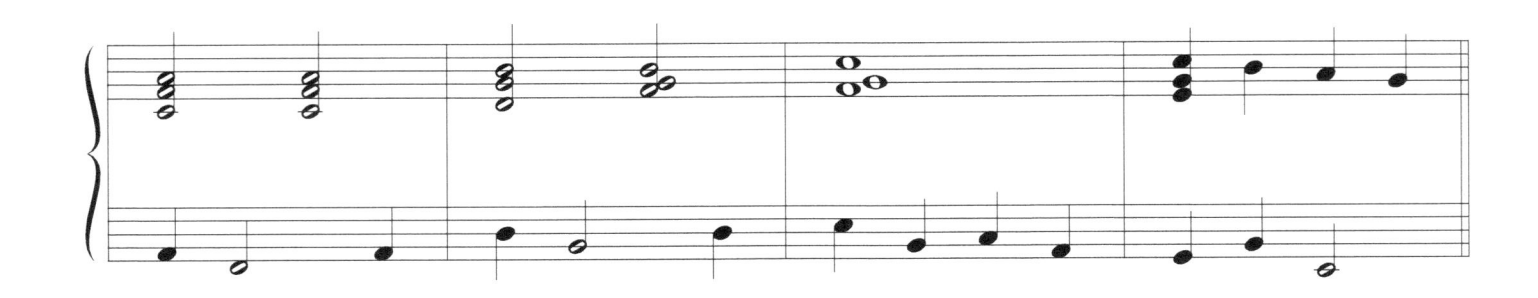

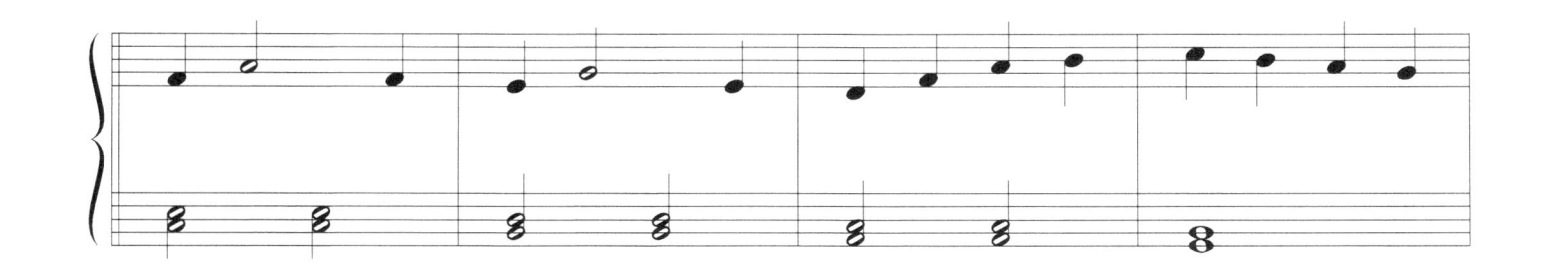

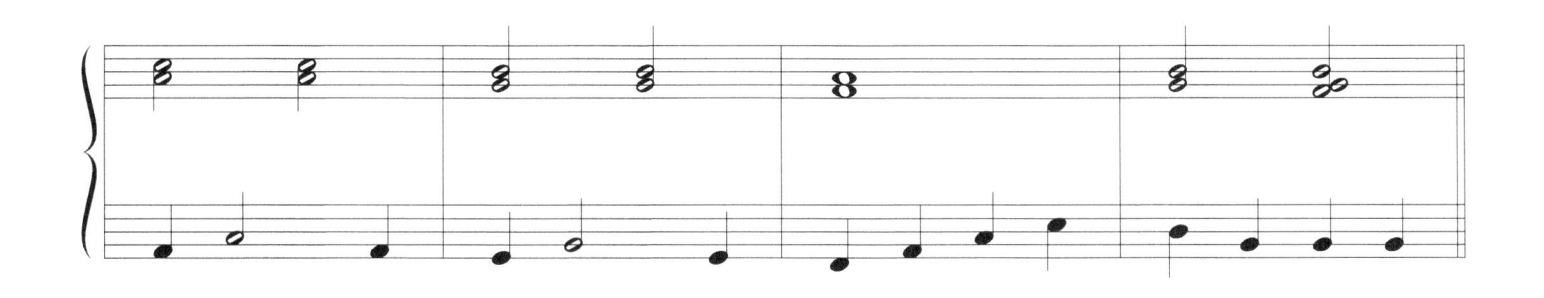

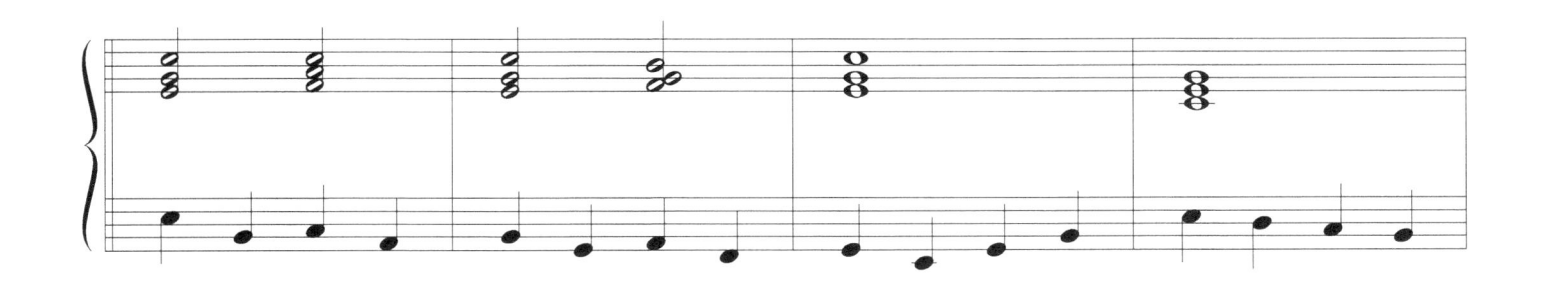

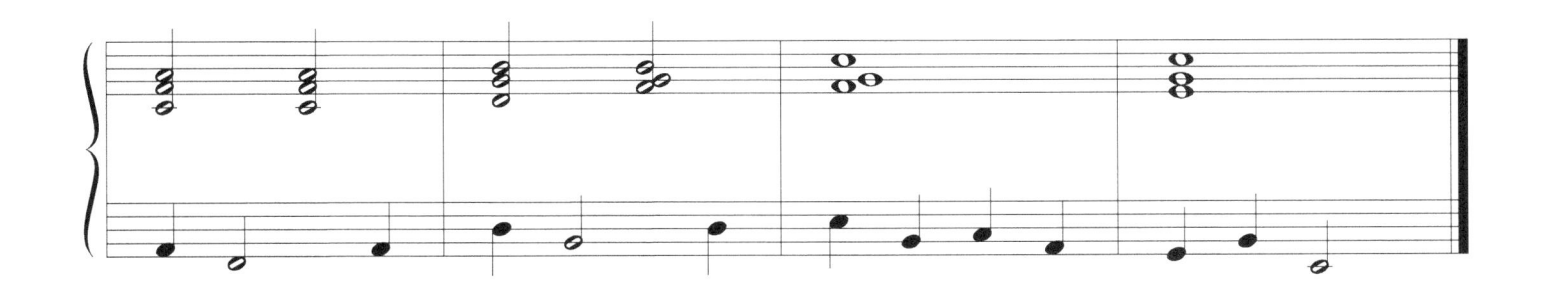

Começando no C, oitava acima do C encontrado na 5ª corda, completamos o registro superior da primeira posição.

■ **EXERCÍCIO 5**

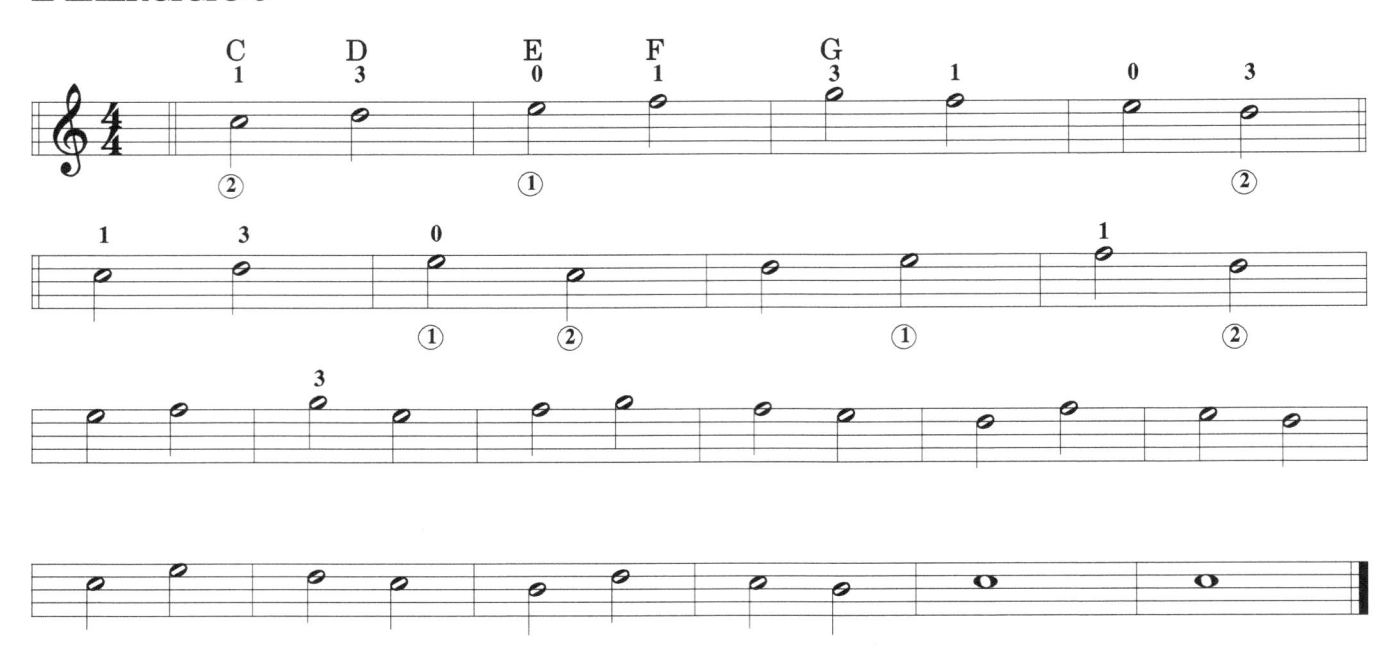

■ **EXERCÍCIO 6**

Revisão de Notas e Acordes

■ **EXERCÍCIO 7**

■ **EXERCÍCIO 8**

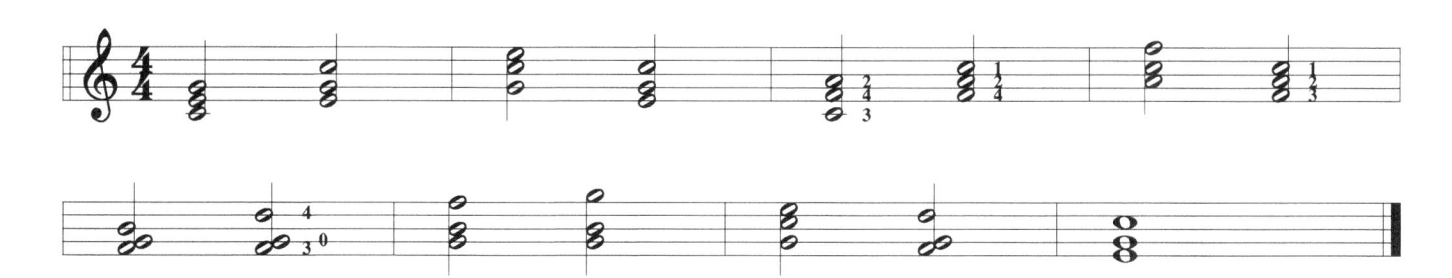

O material deve ser revisto periodicamente.

Um, Dois, Três, Quatro (Duo)

Tempo (Andamento): Moderado

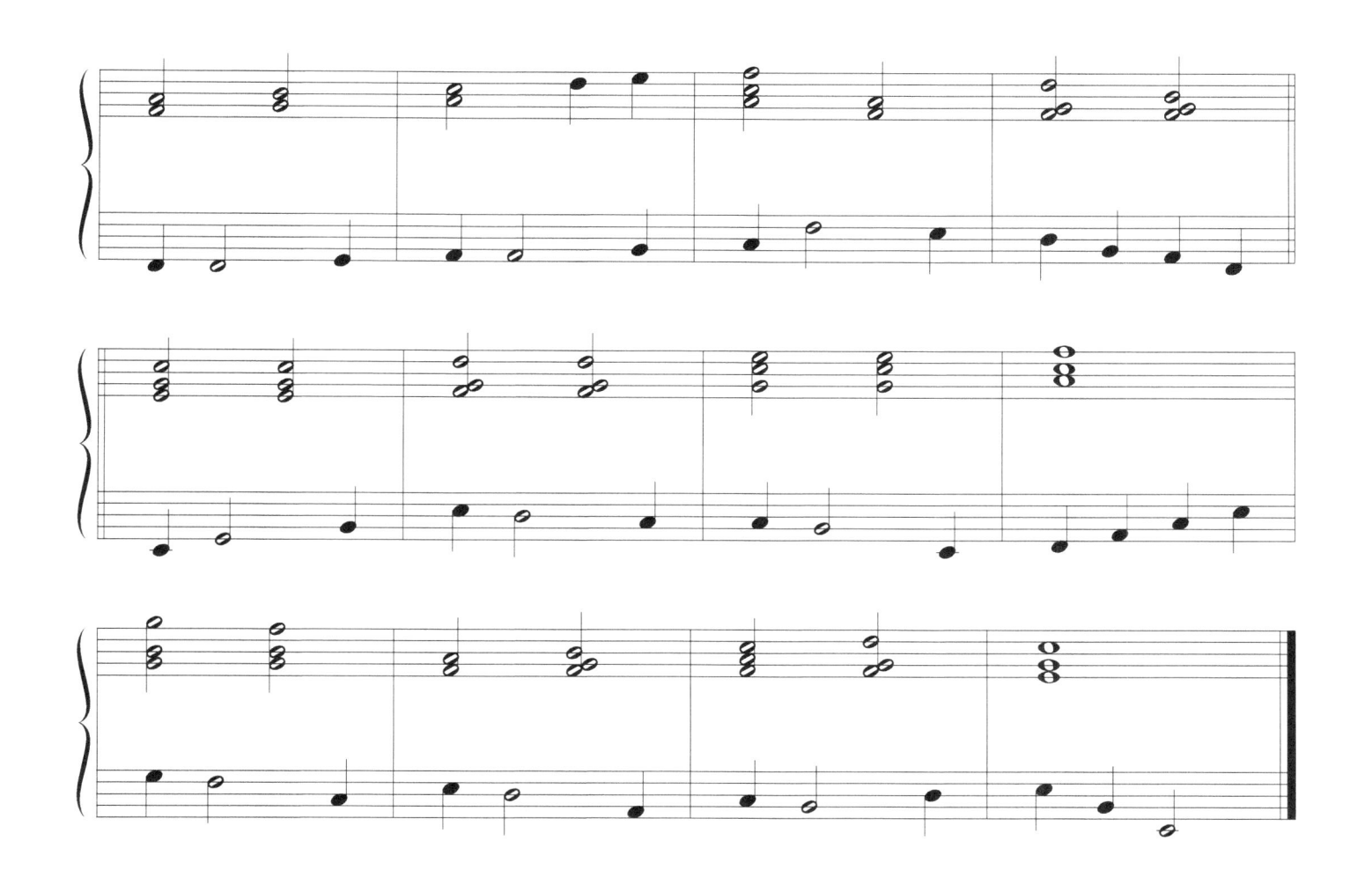

Acompanhamento (Ritmo)

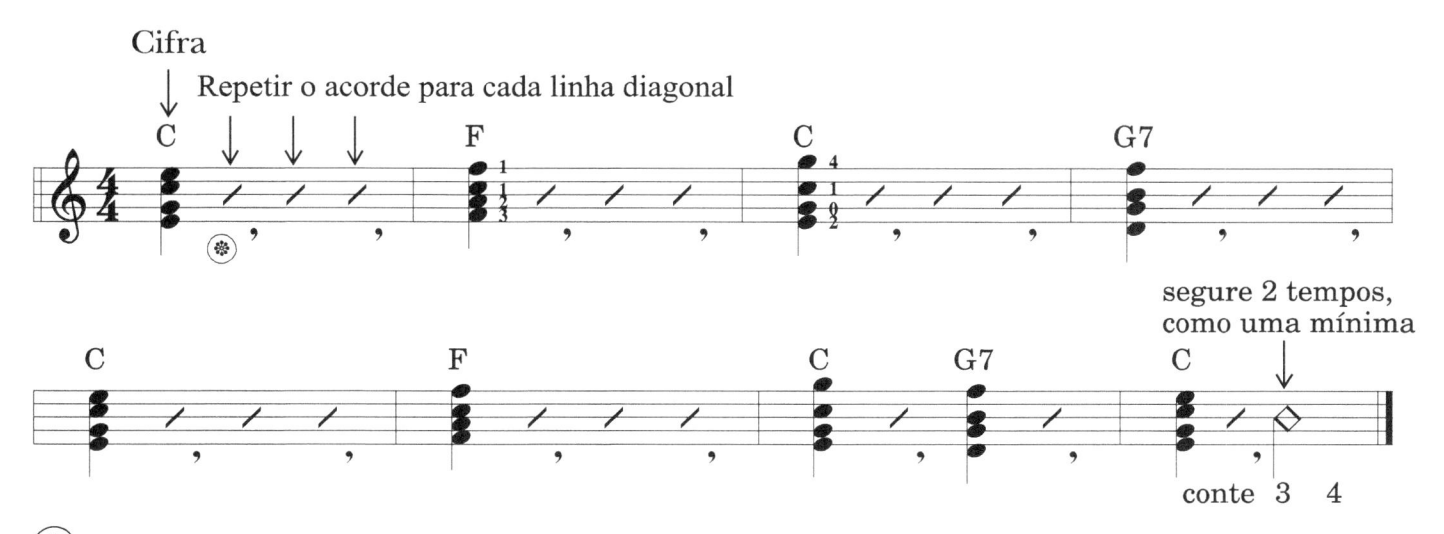

✺ Um melhor pulso rítmico é produzido relaxando a pressão da mão esquerda nos pontos ('). Porém, não tire os dedos das cordas. Tratando-se de cordas soltas, abafe-as com o canto da mão direita no mesmo instante em que relaxa a pressão da mão esquerda.

Linhas suplementares são adicionadas acima ou abaixo da pauta principal para as notas agudas ou graves demais para a pauta.

EXERCÍCIO 9

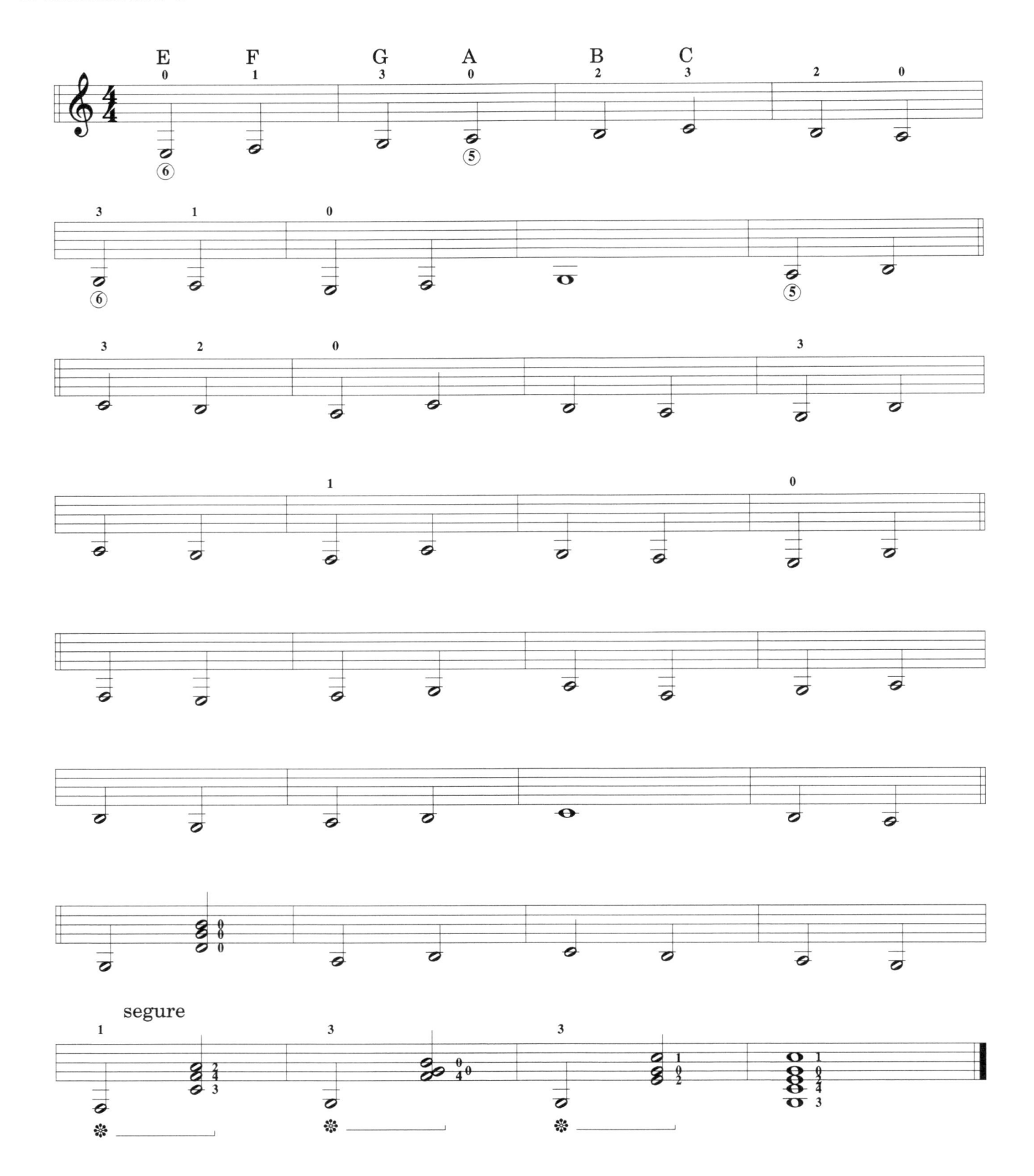

Revisão

A primeira posição completa - tonalidade de C Maior.

■ **EXERCÍCIO 10**

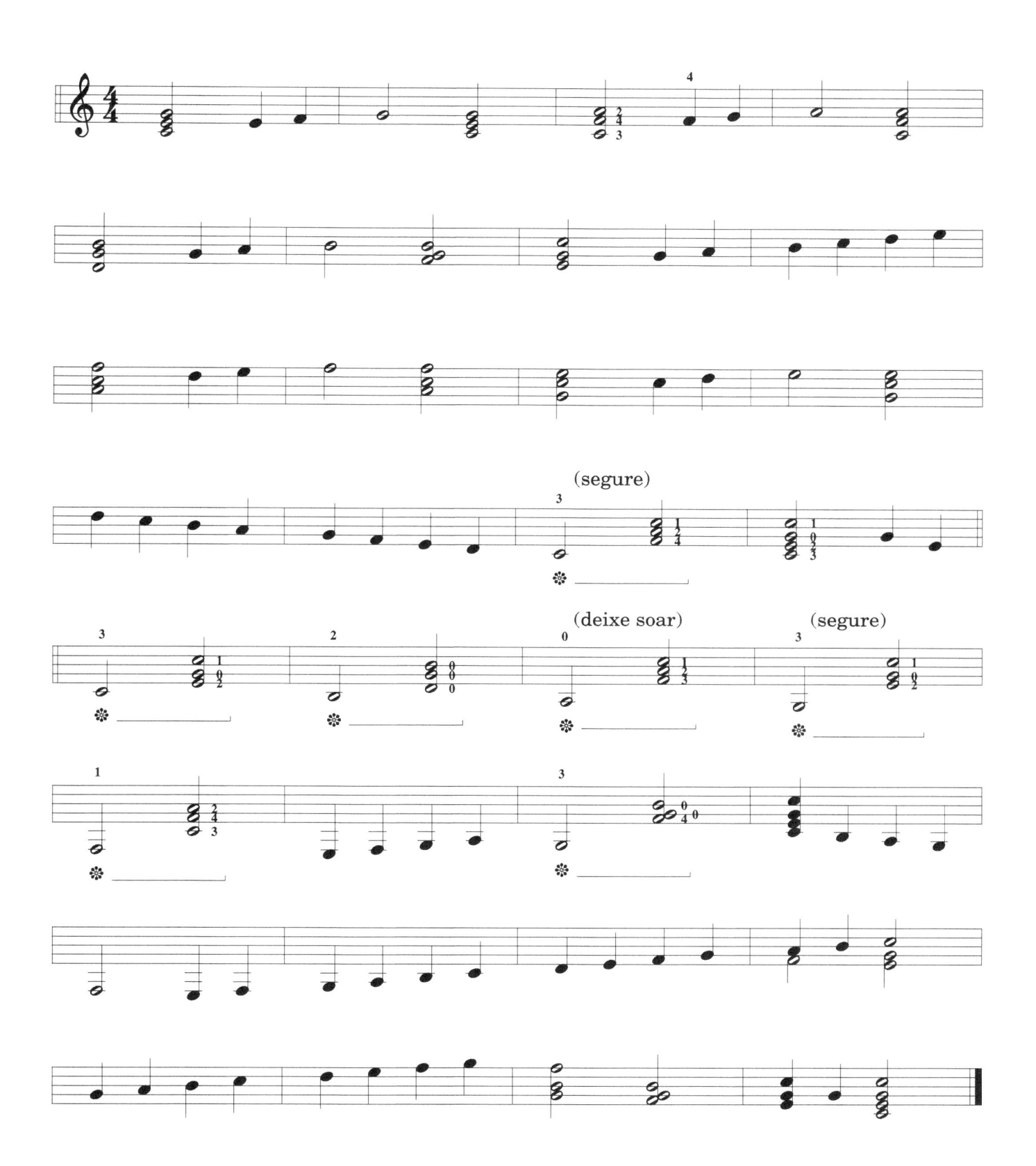

Duo (Imitação)

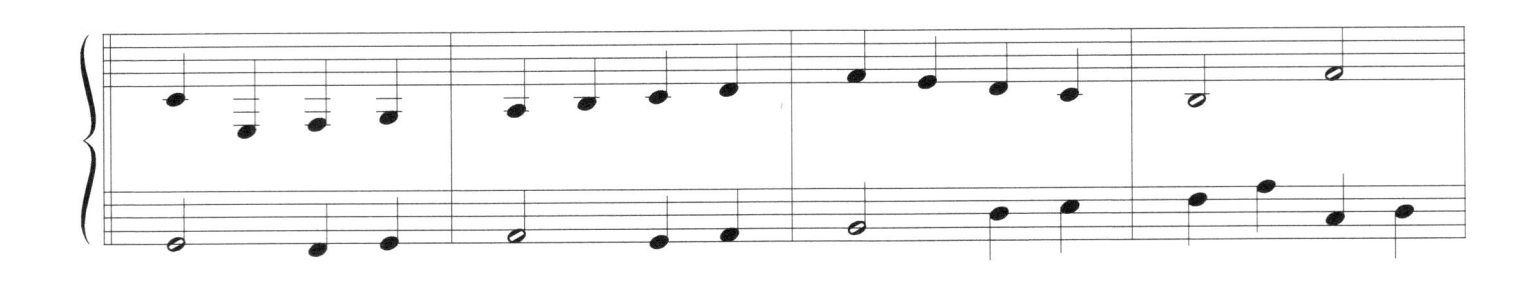

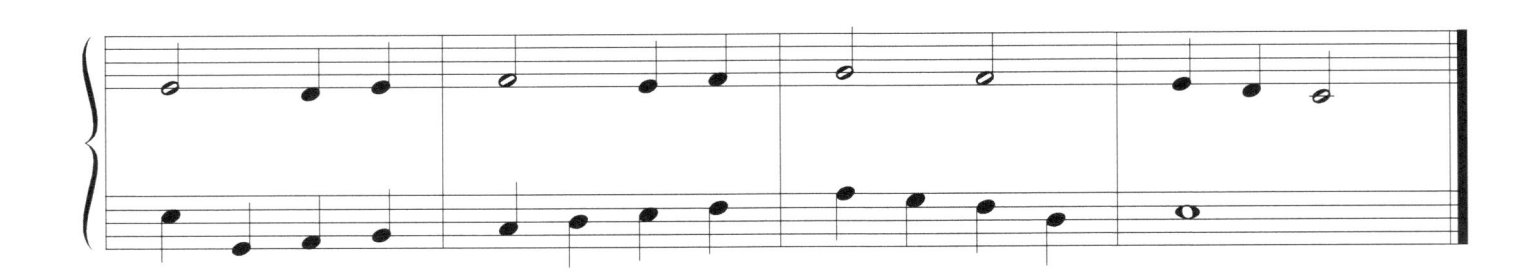

Sustenidos e Bemóis

Uma nota não alterada pelo sustenido ou bemol é chamada *natural*.

■ O *sustenido* (♯) sobe a nota meio-tom (uma casa). O *bemol* (♭) baixa a nota meio-tom (uma casa).

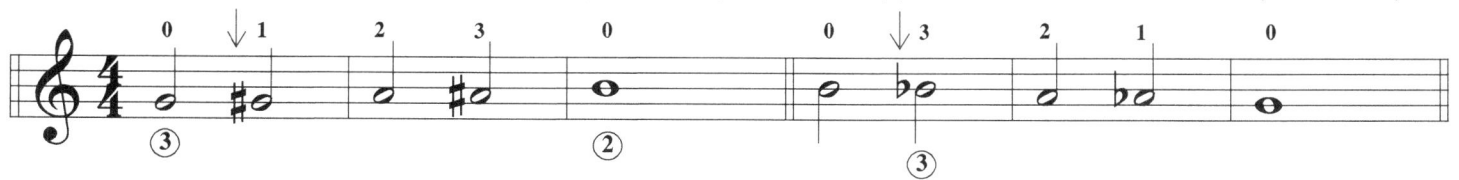

■ Quando o sustenido ou bemol aparece na *tonalidade* (entre a clave e a fórmula de compasso), ele é usado na peça inteira.

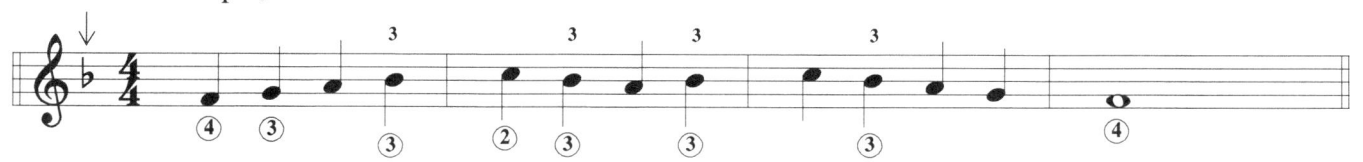

■ Quando um sustenido ou bemol que não é indicado na tonalidade aparece na peça, ele é chamado *ocorrente* e é usado somente no restante do compasso. E a próxima barra de compasso o cancela.

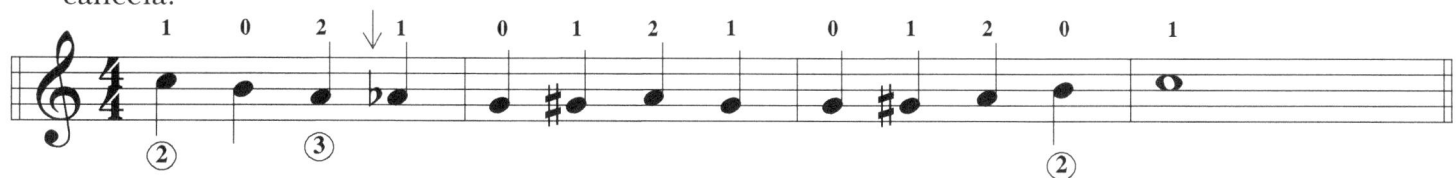

■ O símbolo bequadro (♮) é usado para cancelar o acidente no mesmo compasso. Também é usado para lembrar que a barra do compasso cancelou um acidental.

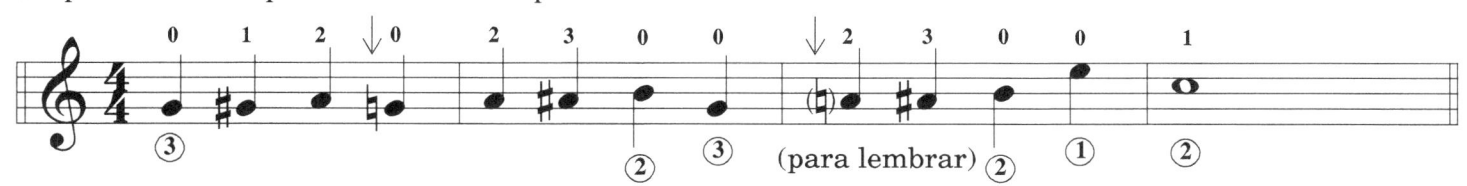

■ Quando o símbolo bequadro é usado para cancelar um sustenido ou bemol indicado na tonalidade, este cancelamento só e válido até o fim do compasso.

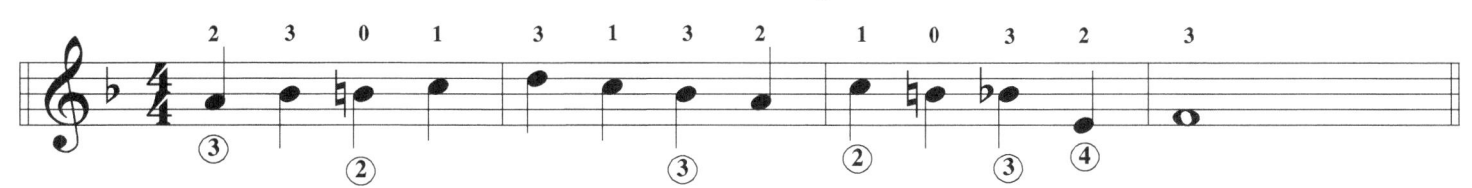

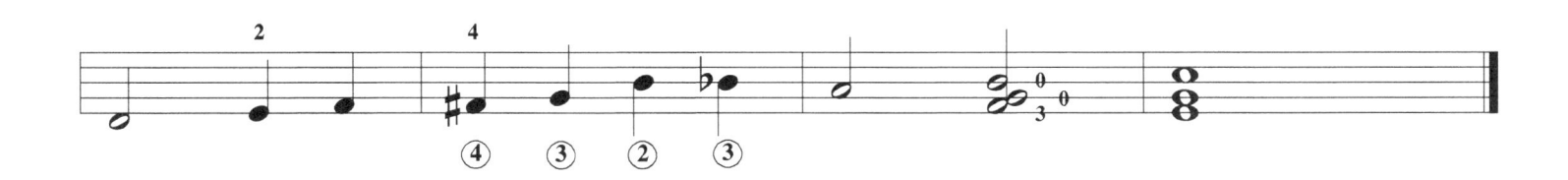

■ **EXERCÍCIO**

Here We Go Again (Duo)

✺ *Mute*, emudeça ou abafe a 5ª corda, encostando ligeiramente o lado do terceiro dedo para ela não soar

(crescendo gradativamente)

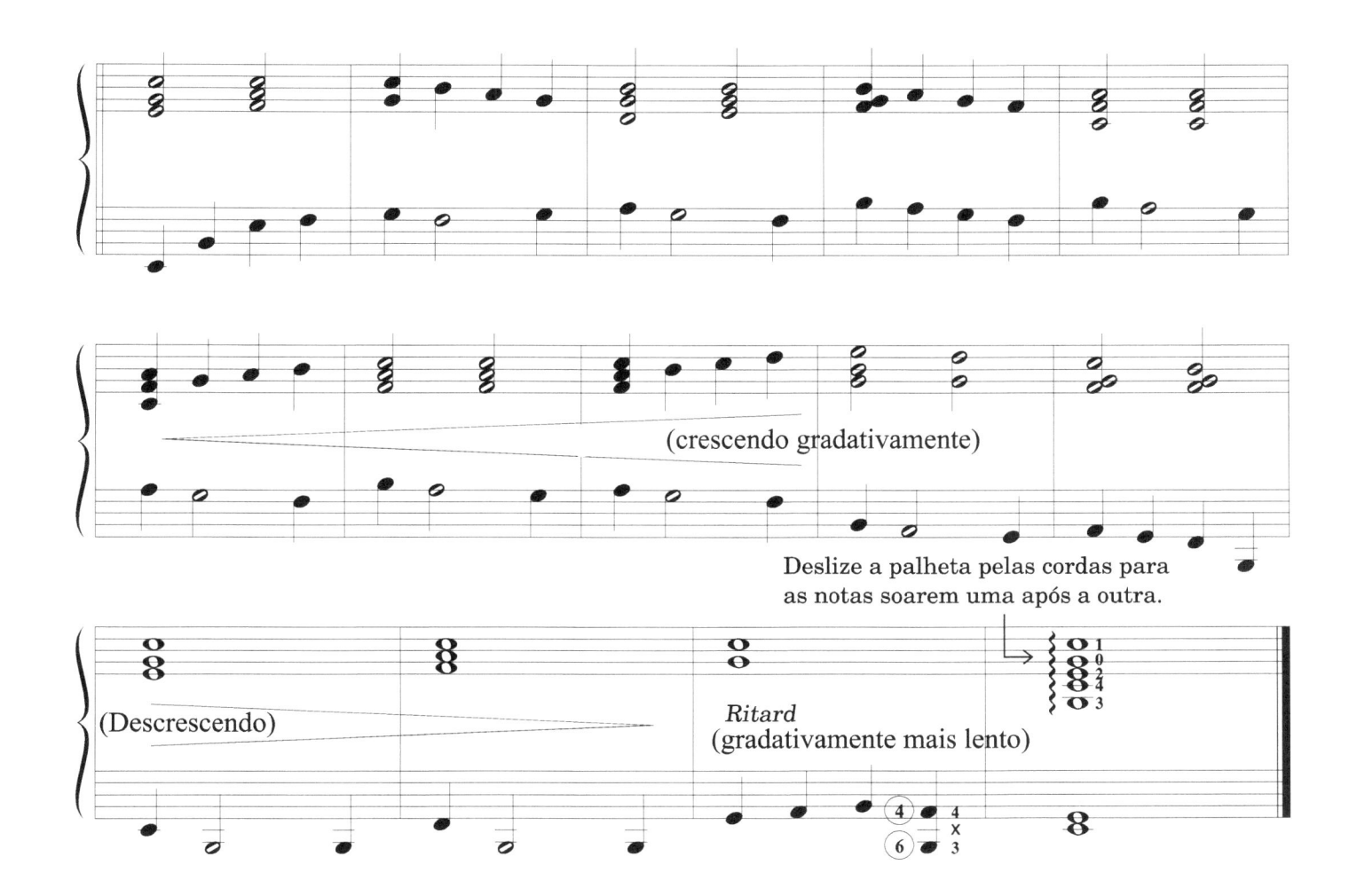

Deslize a palheta pelas cordas para
as notas soarem uma após a outra.

(Descrescendo)

Ritard
(gradativamente mais lento)

Acompanhamento (Ritmo)
Baixos e Acordes

Cifras que aparecem somente como uma letra se presume que são acordes maiores. Uma letra seguida pelo algarismo "7" representa os acordes "7 dominantes". Uma letra seguida por "m" minúsculo indica acorde menor.

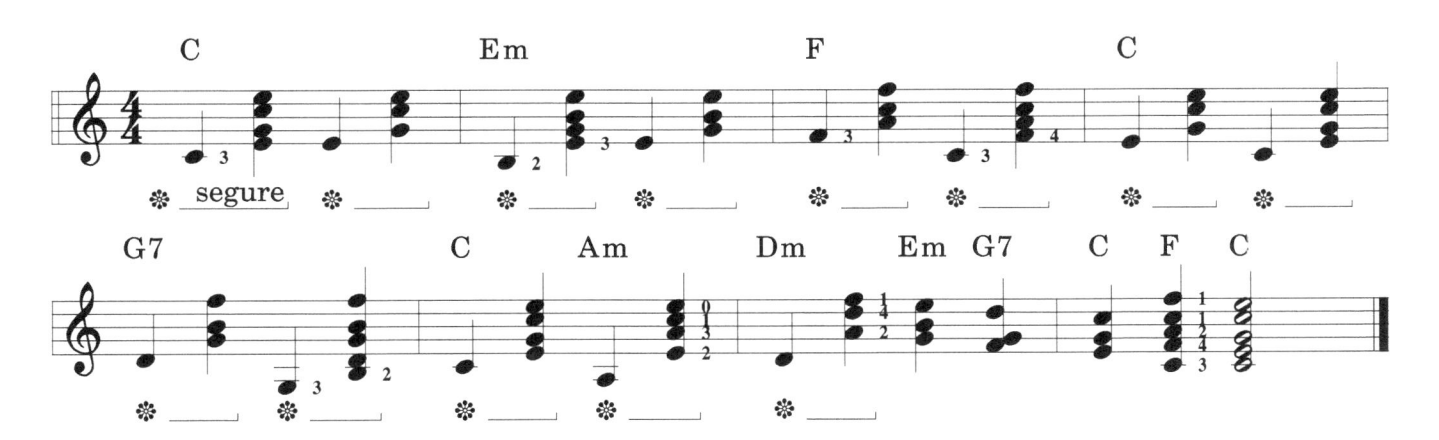

Não pule, nem menospreze qualquer parte da lição.

Colcheias - Contando e Palhetando

⊓ significa "palheta para baixo"   V significa "palheta para cima"

■ EXERCÍCIO 1

conte   1   2   3   4

conte   1   2   3   4

■ EXERCÍCIO 2

※ *Fermata:* prolongar o som.

⌒ é uma fermata. Indica que a nota deve ser prolongada.

Todo o material deve ser revisto.

EXERCÍCIO 3

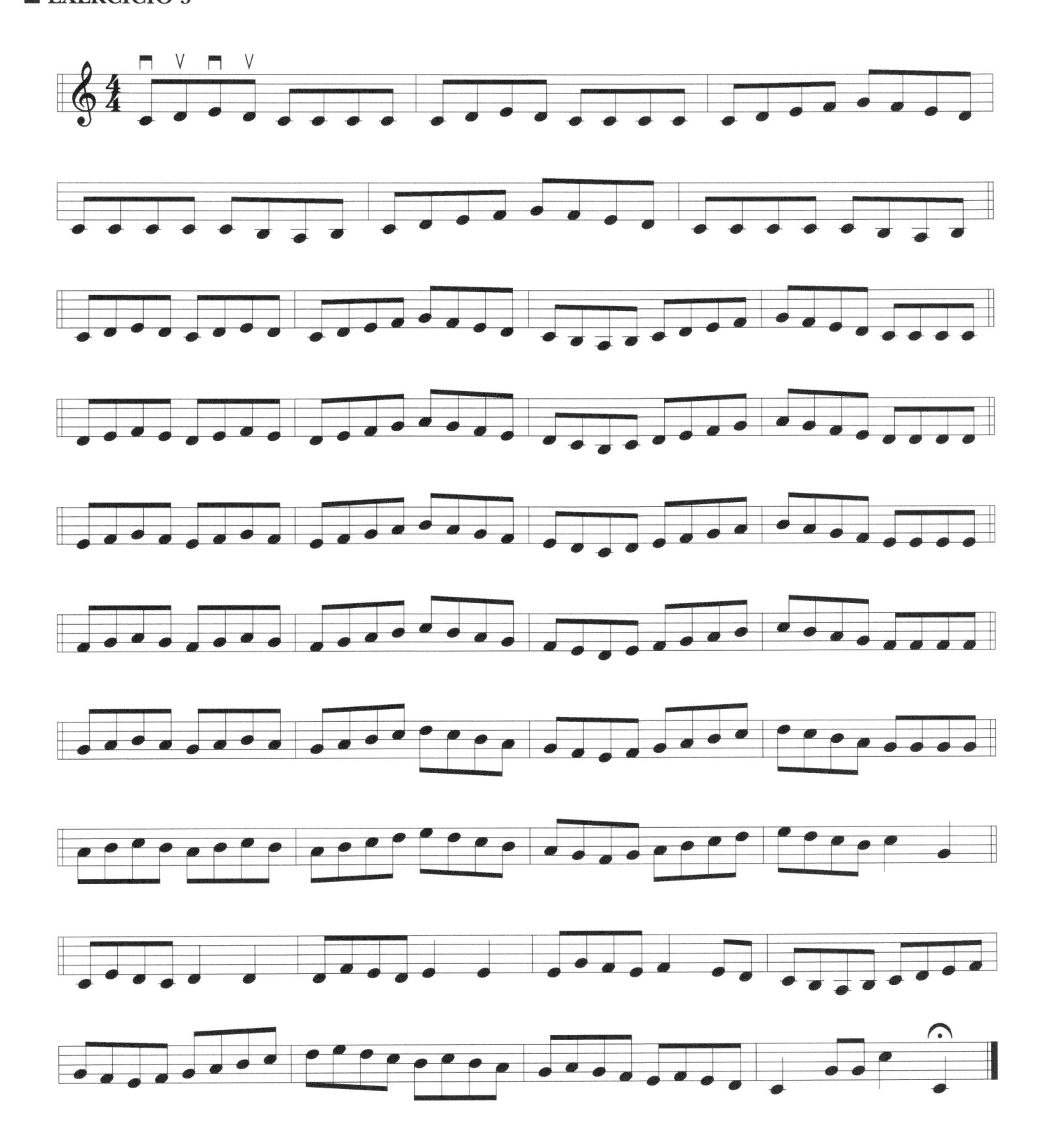

Estudo Nº 1 (Duo)

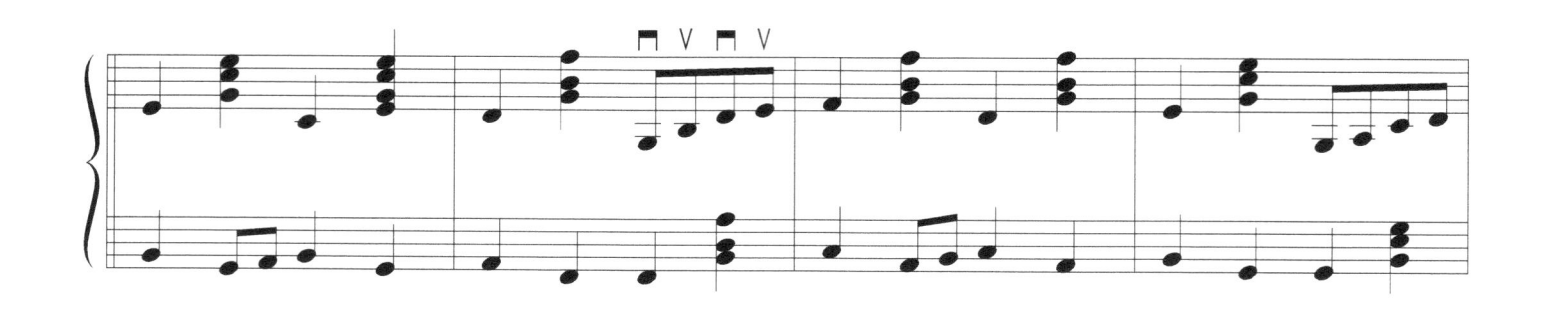

Pausas, Ligaduras e Pontuadas

VALORES OU DURAÇÃO DAS PAUSAS (períodos de silêncio):

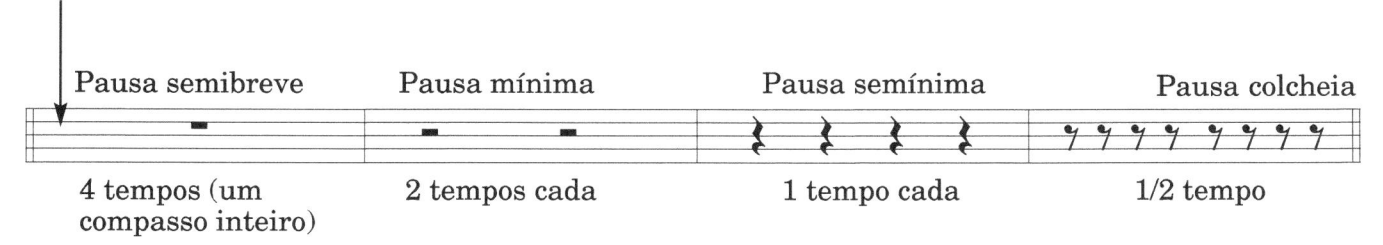

Pausa semibreve	Pausa mínima	Pausa semínima	Pausa colcheia
4 tempos (um compasso inteiro)	2 tempos cada	1 tempo cada	1/2 tempo

LIGADURAS: quando duas notas são "ligadas" por uma linha curva só a primeira nota é tocada. A segunda nota é somente o prolongamento da anterior.

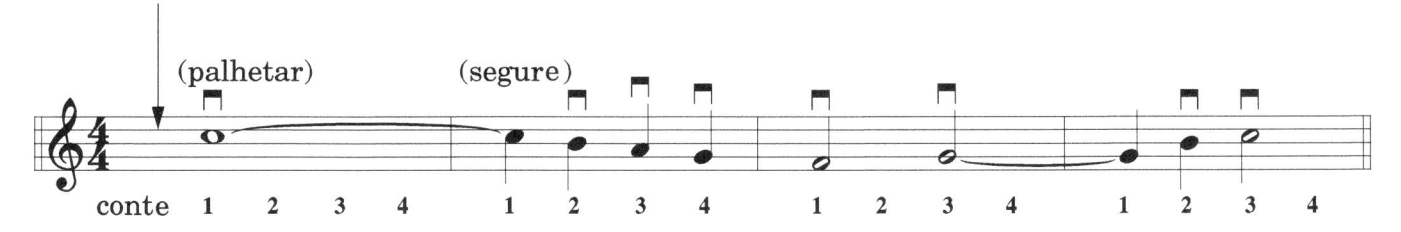

(palhetar)   (segure)

conte 1 2 3 4 | 1 2 3 4 | 1 2 3 4 | 1 2 3 4

NOTAS PONTUADAS: um ponto colocado após qualquer nota aumenta sua duração em mais a metade. Também dizemos que um ponto após qualquer nota tem a metade da duração da própria.

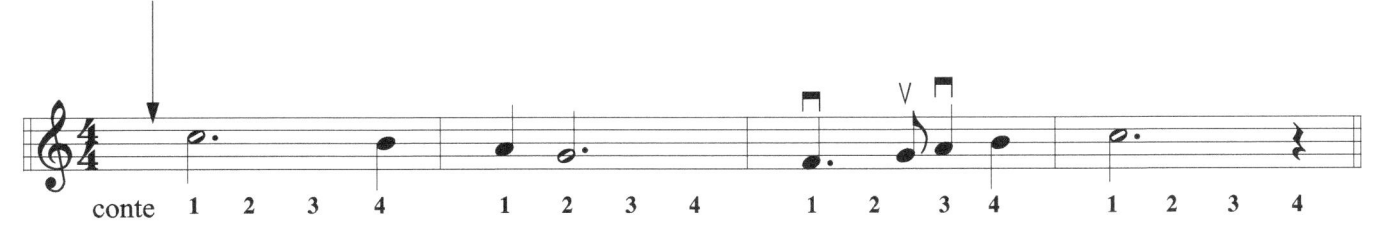

conte 1 2 3 4 | 1 2 3 4 | 1 2 3 4 | 1 2 3 4

Eis o mesmo exemplo acima, mas com notas "ligadas"...

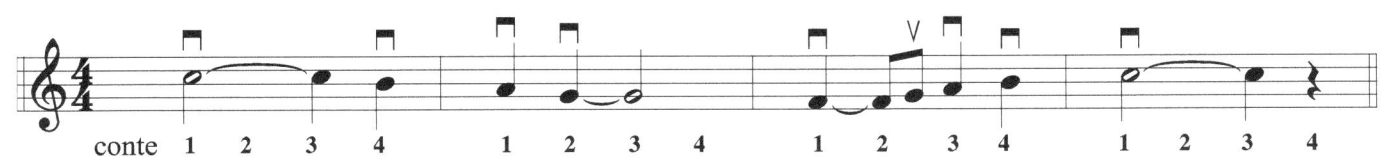

conte 1 2 3 4 | 1 2 3 4 | 1 2 3 4 | 1 2 3 4

■ **EXERCÍCIO**

▌ Conte em voz alta ao tocar.

conte 1 2 3 4 | 1 2 3 4 etc.

1 2 3 4

Estudo Nº 2 (Duo)

(1ª Guitarra)

(2ª Guitarra) "Tacet" (permanece em silêncio)

Primeiro Solo

Arranjo para solo, com melodia e acompanhamento.

O acorde do acompanhamento é tocado no segundo tempo.

A nota da melodia é palhetada no 1º tempo e segurada enquanto o acorde é tocado.

Não deixe de segurar todas as notas pelo seu tempo de duração completo.

Acompanhamento (Ritmo)

DIAGRAMAS DE ACORDES

1. Linhas verticais representam cordas.
2. Linhas horizontais representam trastes (vide ilustração p. 3).
3. Os pontos representam a colocação dos dedos.
4. Os números indicam o dedo a ser usado.
5. Zero significa corda solta.
6. × significa corda não tocada.

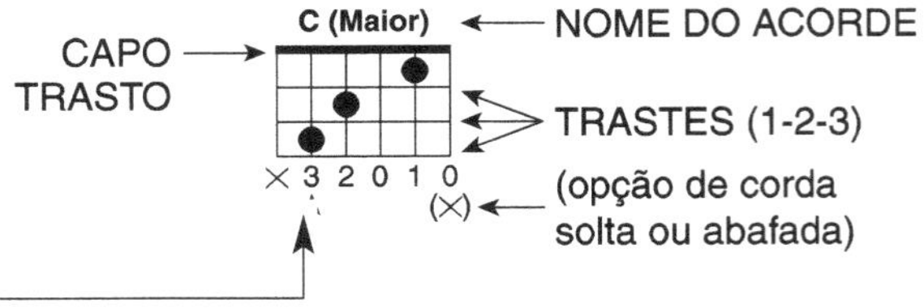

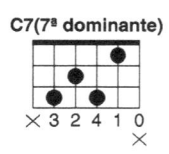

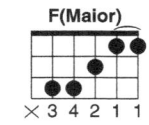

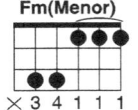

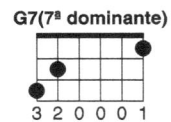

Diagrama de referência: C (Maior) — NOME DO ACORDE; CAPO TRASTO; TRASTES (1-2-3); × 3 2 0 1 0 (opção de corda solta ou abafada)

Acordes:
- C7 (7ª dominante) — × 3 2 4 1 0 ×
- F (Maior) — × 3 4 2 1 1
- Fm (Menor) — × 3 4 1 1 1
- G7 (7ª dominante) — 3 2 0 0 0 1

■ EXERCÍCIO 1

Use somente as formas de acorde mostradas acima.

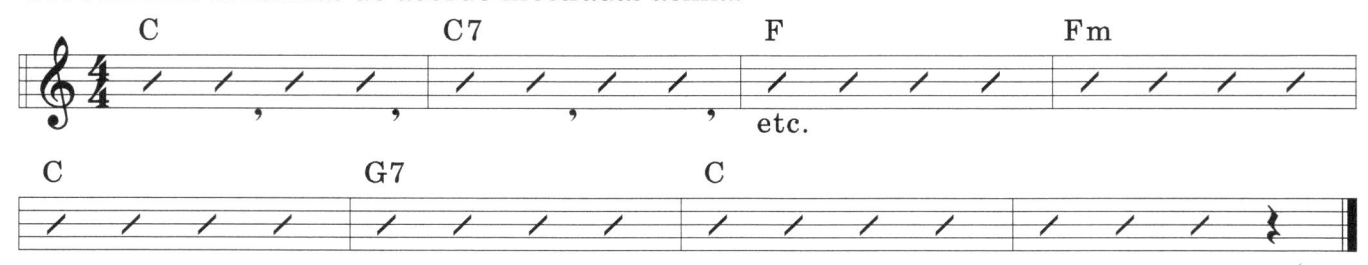

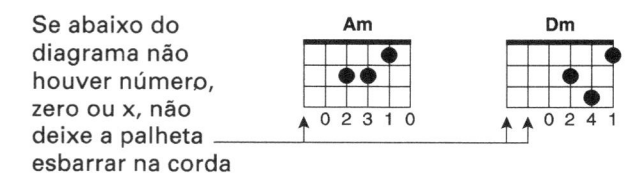

| C | C7 | F | Fm |
| C | G7 | C | |

Se abaixo do diagrama não houver número, zero ou x, não deixe a palheta esbarrar na corda.

Acordes:
- Am — 0 2 3 1 0
- Dm — 0 2 4 1

Opção de nota apertada ou solta:
- E7 — 0 2 0 1 0 0 (4)

■ EXERCÍCIO 2

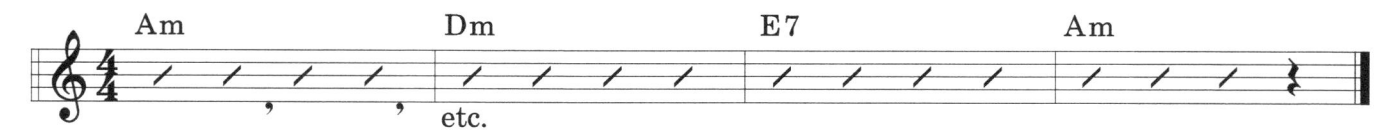

| Am | Dm | E7 | Am |

■ EXERCÍCIO 3

Esse exercício combina todas as formas mostradas até o momento e não deve ser tentado até que as seqüências de acordes anteriores forem, ao menos parcialmente, dominadas.

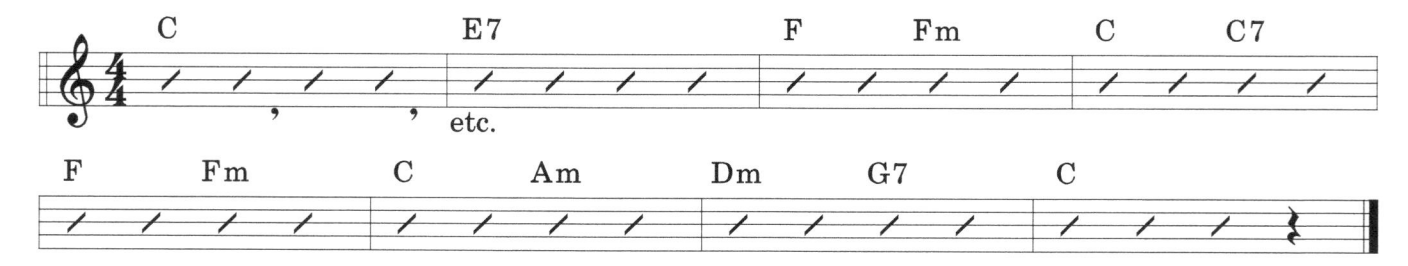

| C | E7 | F | Fm | C | C7 |
| F | Fm | C | Am | Dm | G7 | C |

Todas as formas de acordes devem ser memorizadas.

Segundo Solo

Arranjo de solo com a melodia *no agudo* e os acordes de acompanhamento *no grave*.

Prenda todas as notas pela sua duração completa.

Estudo Nº 3 (Duo)

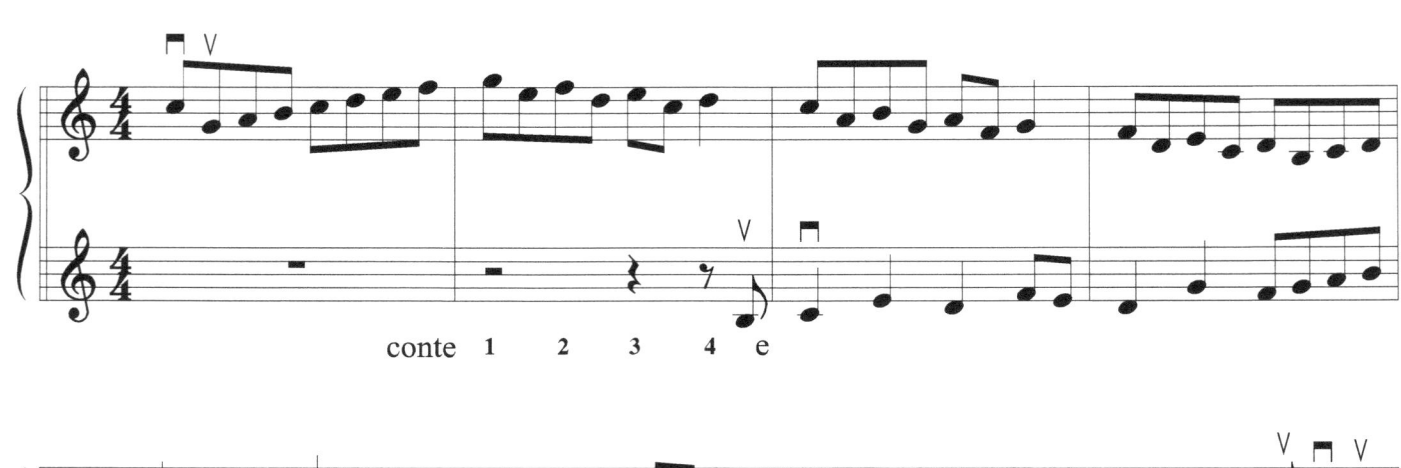

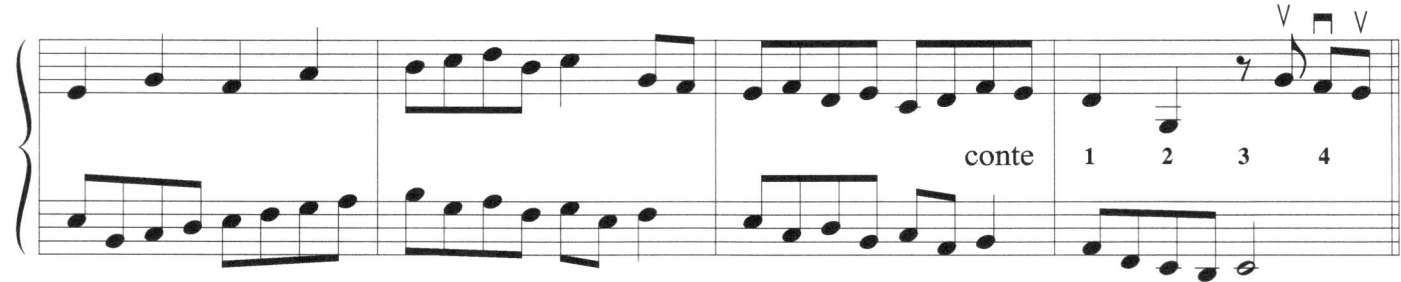

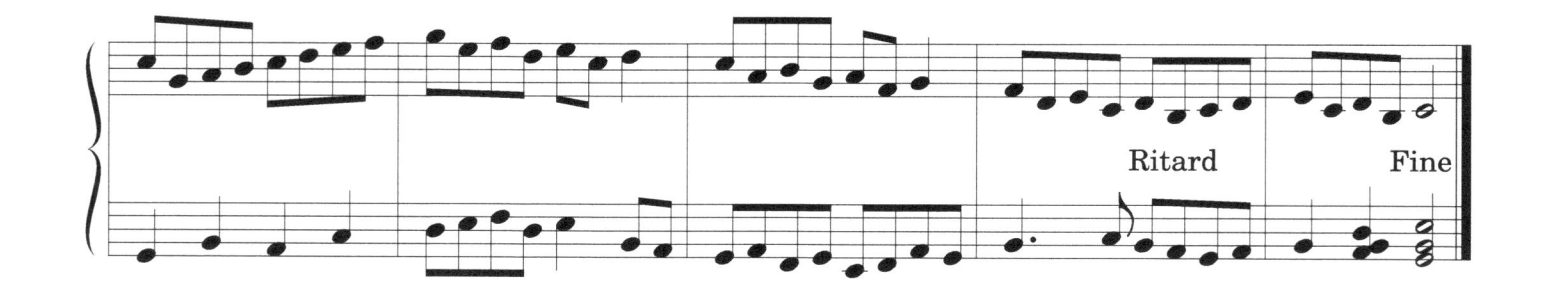

conte 1 2 3 4 e

conte 1 2 3 4

1 2 3 4

Ritard Fine

Revise tudo regularmente.

Estudo de Palhetada Nº 1

Para desenvolver a mão direita.

PREPARAÇÃO

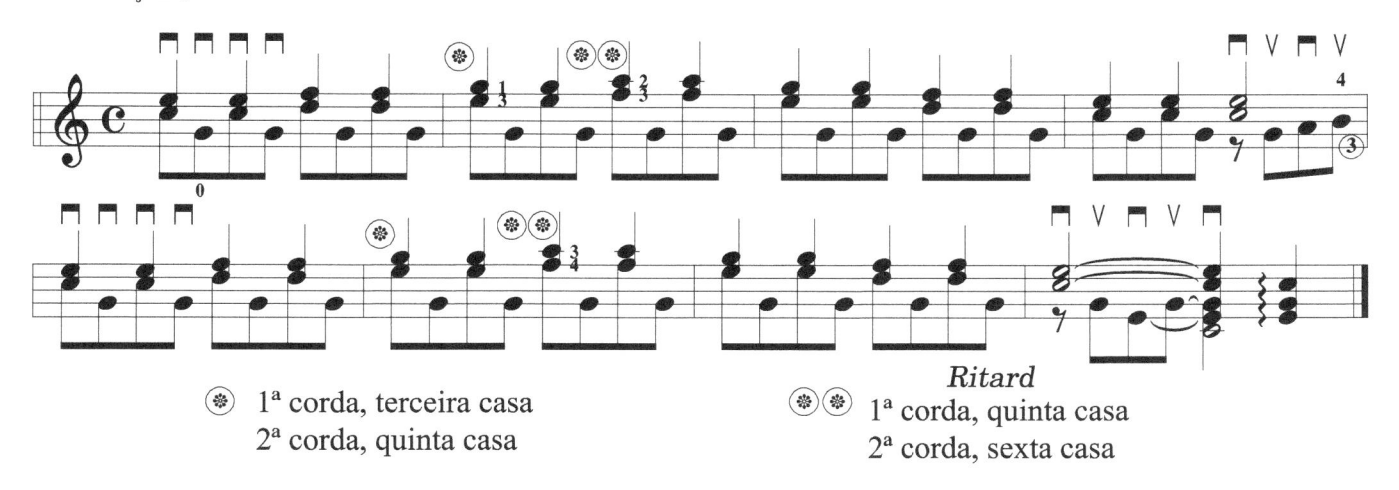

❀ 1ª corda, terceira casa
   2ª corda, quinta casa

❀❀ 1ª corda, quinta casa
   2ª corda, sexta casa

Ritard

Estudo

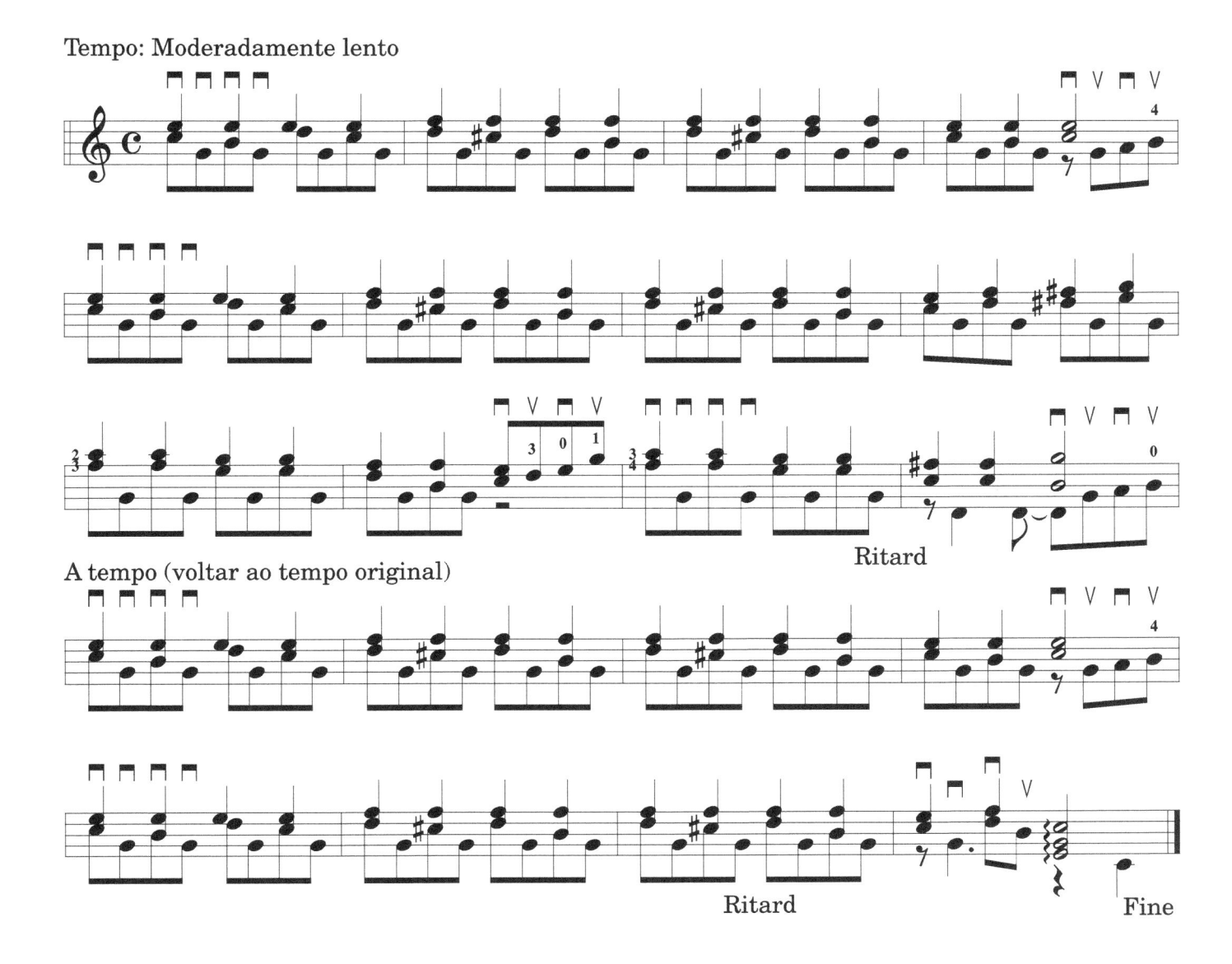

Tempo: Moderadamente lento

Ritard

A tempo (voltar ao tempo original)

Ritard

Fine

Dois, Dois (Duo)

¢ é freqüentemente usado erroneamente para representar 4/4 na música popular.

Toque novamente a partir do símbolo (𝄋) até o al coda. Logo pular para o coda (⊕).

Fine

Tonalidade de G Maior (Primeira Posição)

(Todos os "F" são sustenidos)

Acompanhamento Rítmico

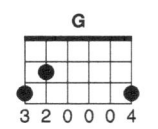

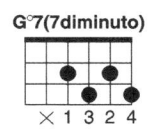

Esta estrutura de acorde também é identificada com a abreviação "dim". Ainda que o algarismo 7 com frequência é omitido, a intenção é identificar a 7 diminuta.

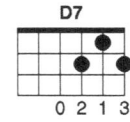

■ **EXERCÍCIO 1**

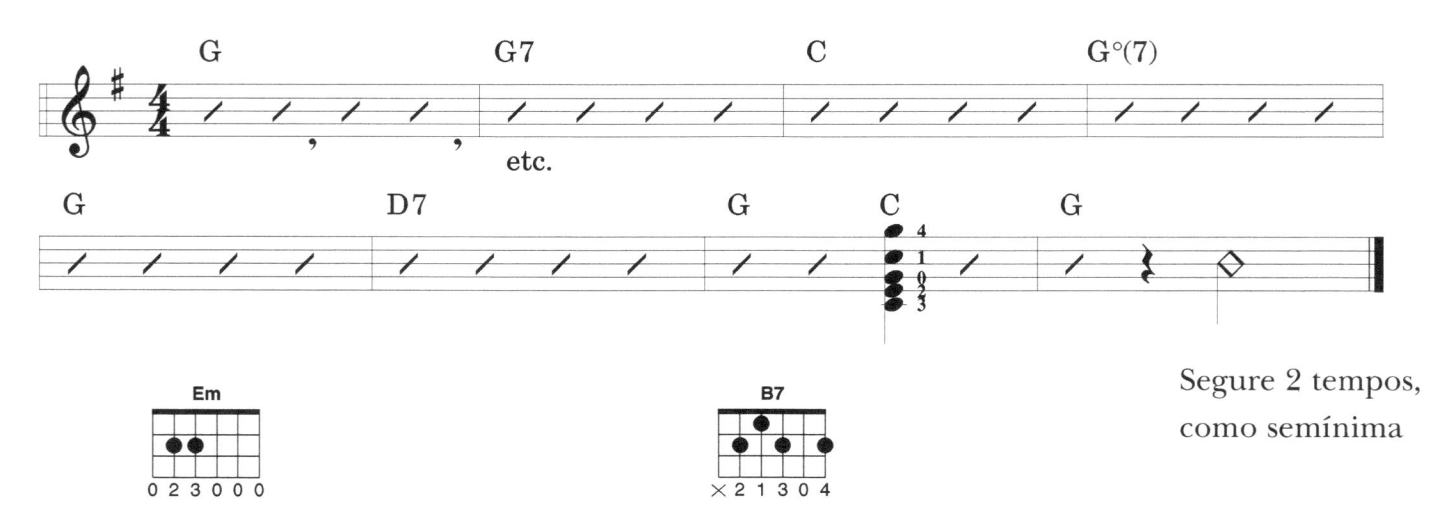

Segure 2 tempos, como semínima

■ **EXERCÍCIO 2**

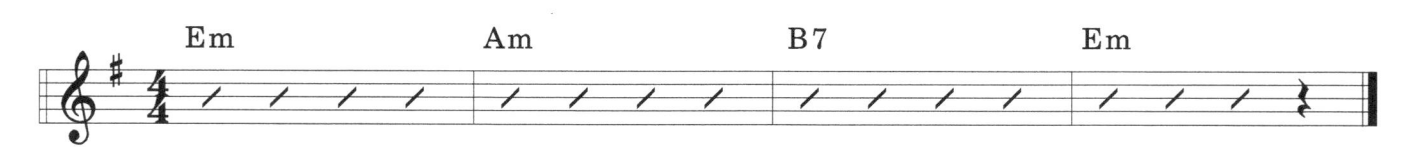

■ **EXERCÍCIO 3**

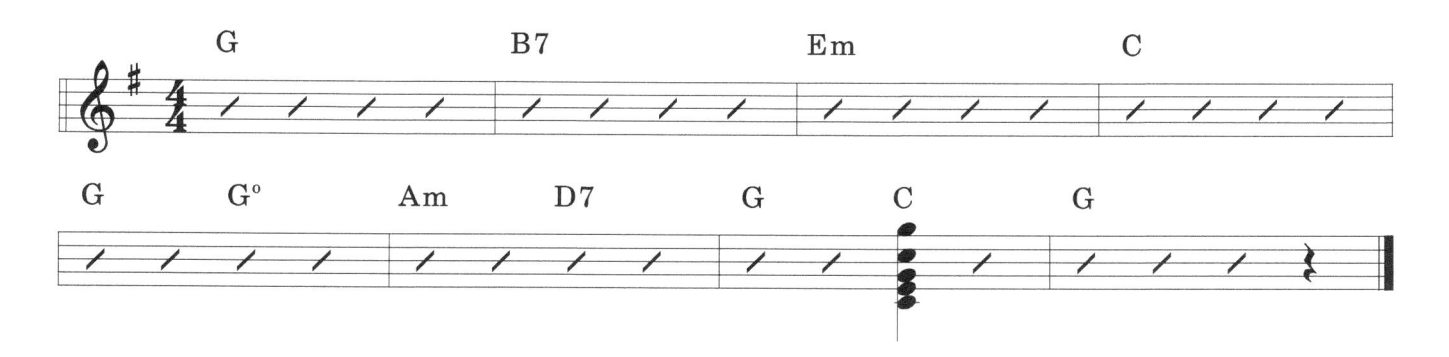

Semicolcheias

Lenta e Uniformemente

conte 1

Duo em G

Estudo de Palhetada Nº 2

Para palhetada alternada saltando cordas.

Preste muita atenção à palhetada "para baixo" e "para cima" em todas as peças de colcheias.

símbolo *Repetir*
(Voltar ao compasso 1)

(mantenha as notas inferiores nos seus tempos integrais)

Repetir do símbolo precedente
(na direção oposta)

(segure a nota superior)

Fine

Outro Duo em G

Tonalidade de F Maior (Primeira Posição)

(Todos os "B" são bemóis)

Acompanhamento Rítmico

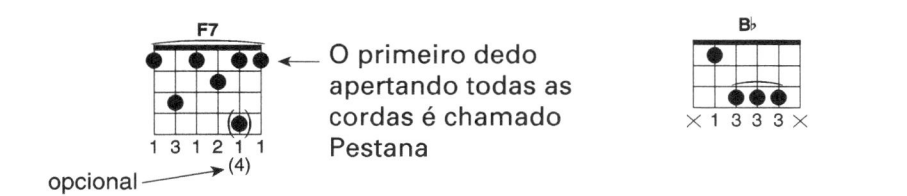

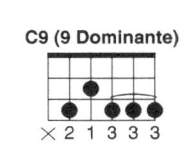

O primeiro dedo apertando todas as cordas é chamado Pestana

opcional

Este acorde C9 exerce a mesma função de C7 e, frequentemente, o substitui. (Na verdade é o mesmo acrescido de mais uma dissonância)

■ **EXERCÍCIO**

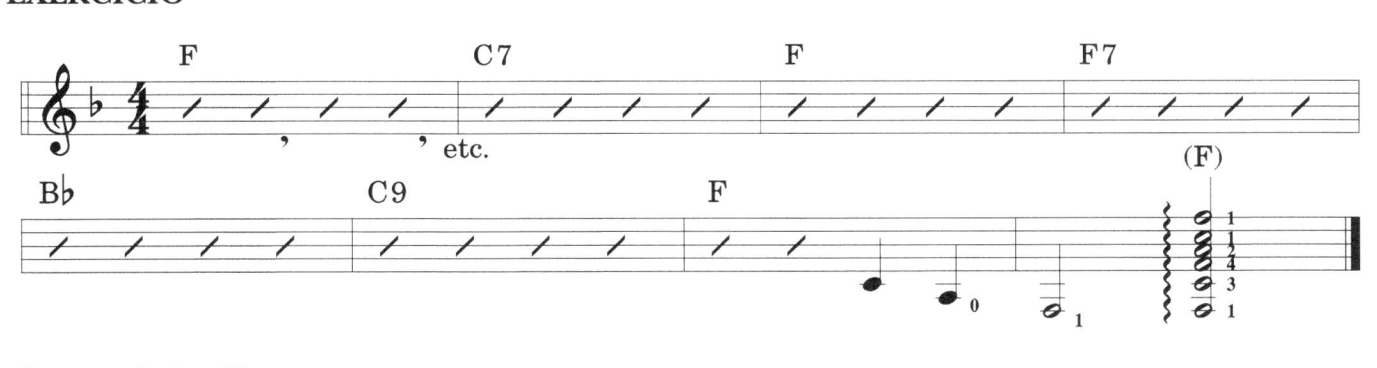

Repare a ligeira diferença entre a formação deste D menor e o da p. 24.

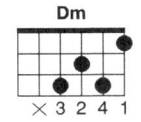

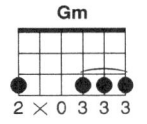

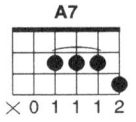

■ **EXERCÍCIO**

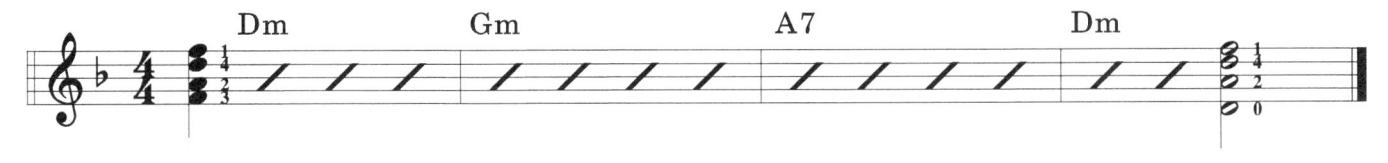

Levará algum tempo até que você consiga tocar com clareza as formas apresentadas acima. Tenha paciência e continue tentando.

Duo em F

A Tercina

Existem duas formas de palhetar grupos consecutivos de tercinas. Pratique o exercício exaustivamente, usando somente a forma 1. Depois pratique a forma 2.

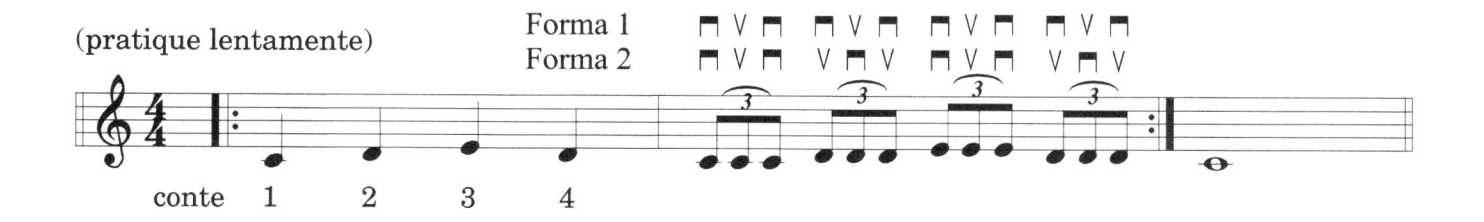

EXERCÍCIO

Revise todo o material.

Valsa em F (Solo)

A valsa é um compasso ternário.

As notas que aparecem antes do início do primeiro compasso chamam-se *anacruze*.

Conte 2 3 1 2 3

Rall. ("Rallentando" ou mais devagar)   A tempo (volte ao tempo orig.)

Ritard poco a poco (retardar pouco a pouco)

Fine

Tonalidade de A Menor (Primeira Posição)

Relativa de C Maior

A sexta nota, de qualquer escala maior, é a Tônica (primeira nota) da escala menor relativa. Armações de clave para a maior, e a menor relativa, são iguais. Existem três escalas diferentes em cada tonalidade menor.

A Menor Natural: todas as notas exatamente iguais às do seu relativo maior, C Maior.

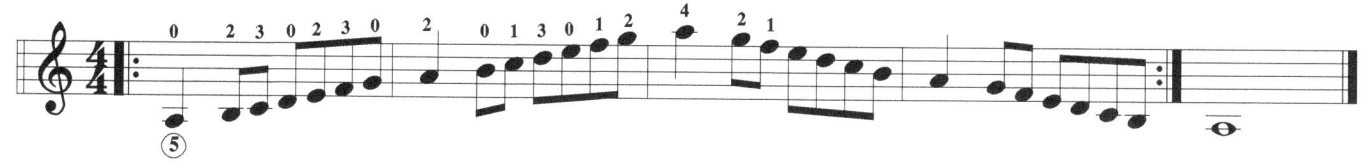

A Menor Harmônica: a sétima nota no sentido ascendente é elevada meio-tom (semitom).

A Menor Melódica: 6ª e 7ª notas no sentido ascendente são elevadas um semitom, porém, voltam ao normal no sentido ascendente.

Acompanhamento (Ritmo)

Agora, você começou a ver que muitos acordes têm mais de uma formação. A escolha de qual acorde usar geralmente depende da formação do acorde imediatamente antes e/ou depois. Use, no exercício a seguir, os diagramas maiores *ou* os opcionais seqüencialmente. Não os misture!

■ EXERCÍCIO

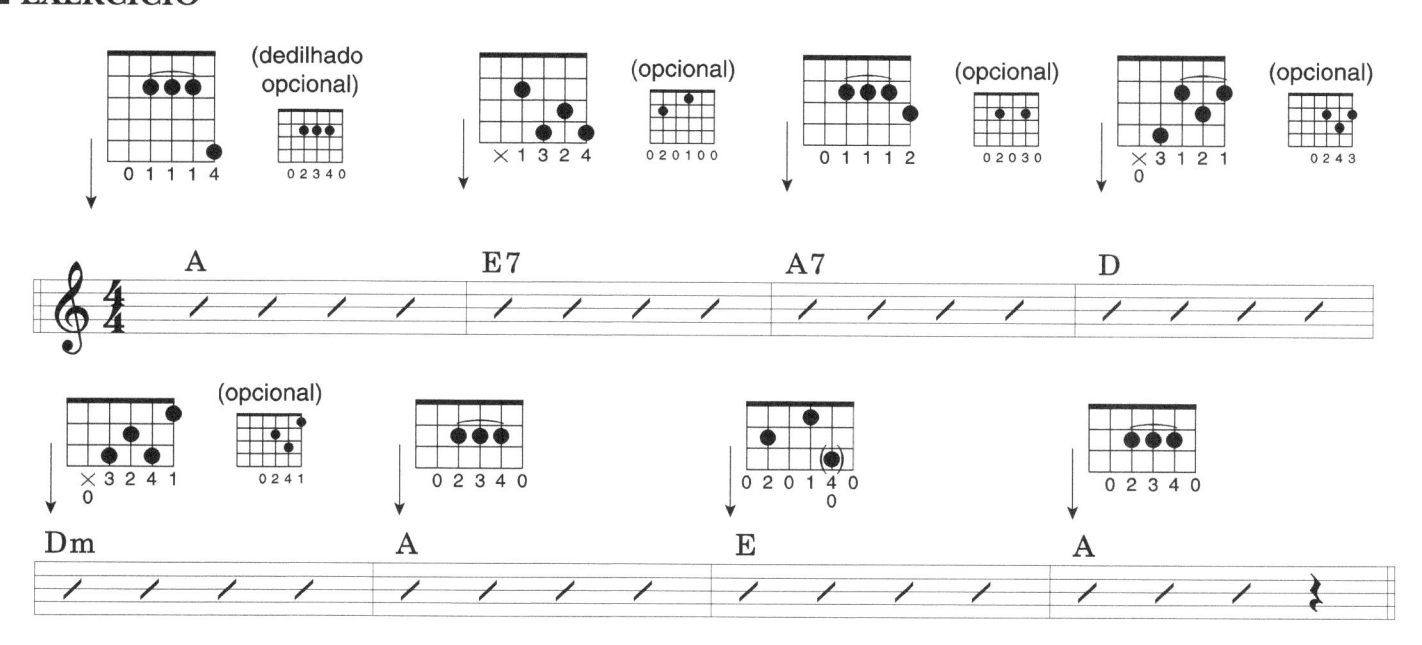

Acompanhamentos suaves e melódicos dependem da quantidade
de formas dominadas de acordes.

Pretty Pickin' (Duo)

Para palhetada alternada saltando cordas.

PREPARAÇÃO DE ACORDES

Lentamente

Duo

Tempo moderado de valsa
(Todas as notas sob as ligaduras devem soar.)

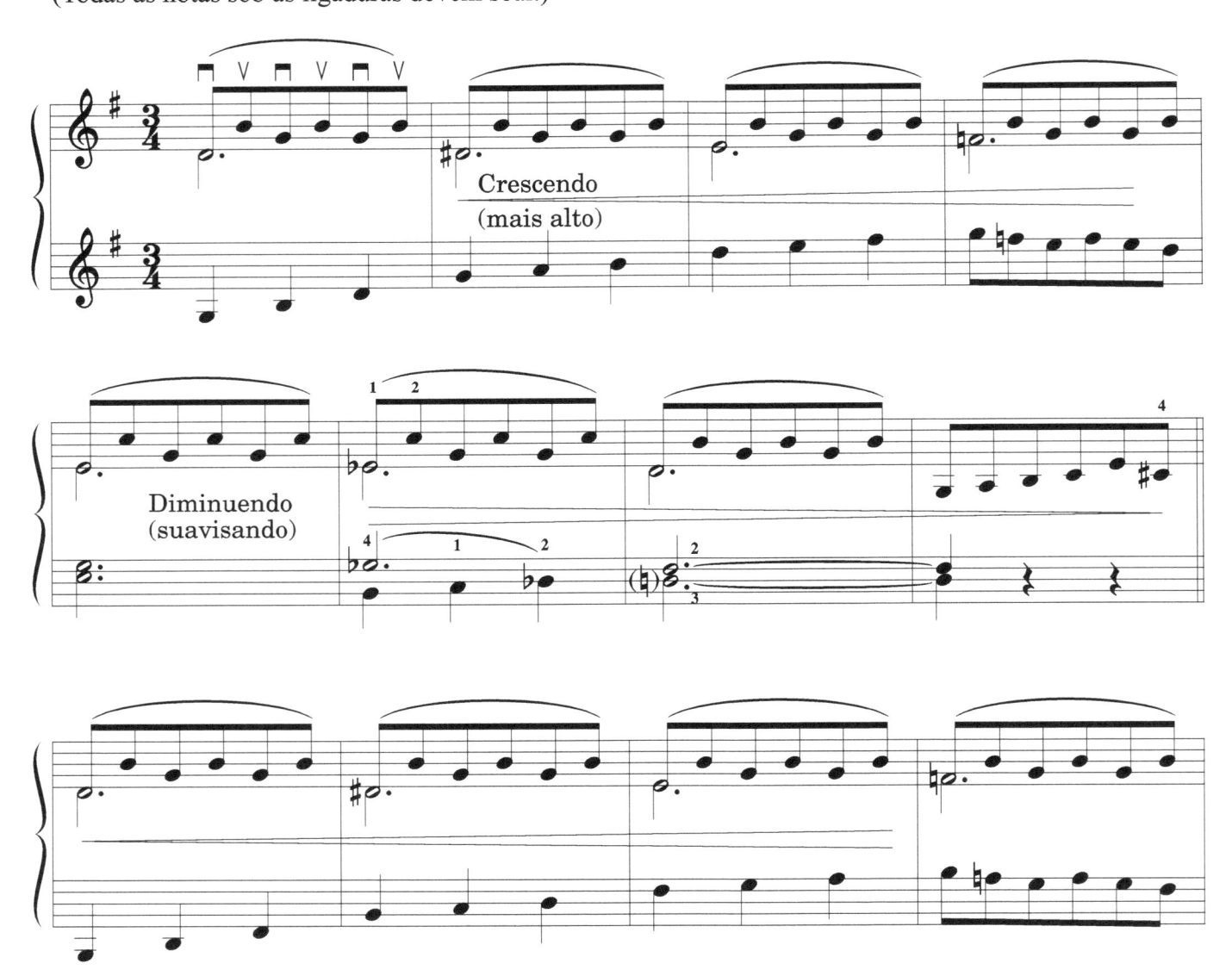

※ (Repetir do início até a coda)

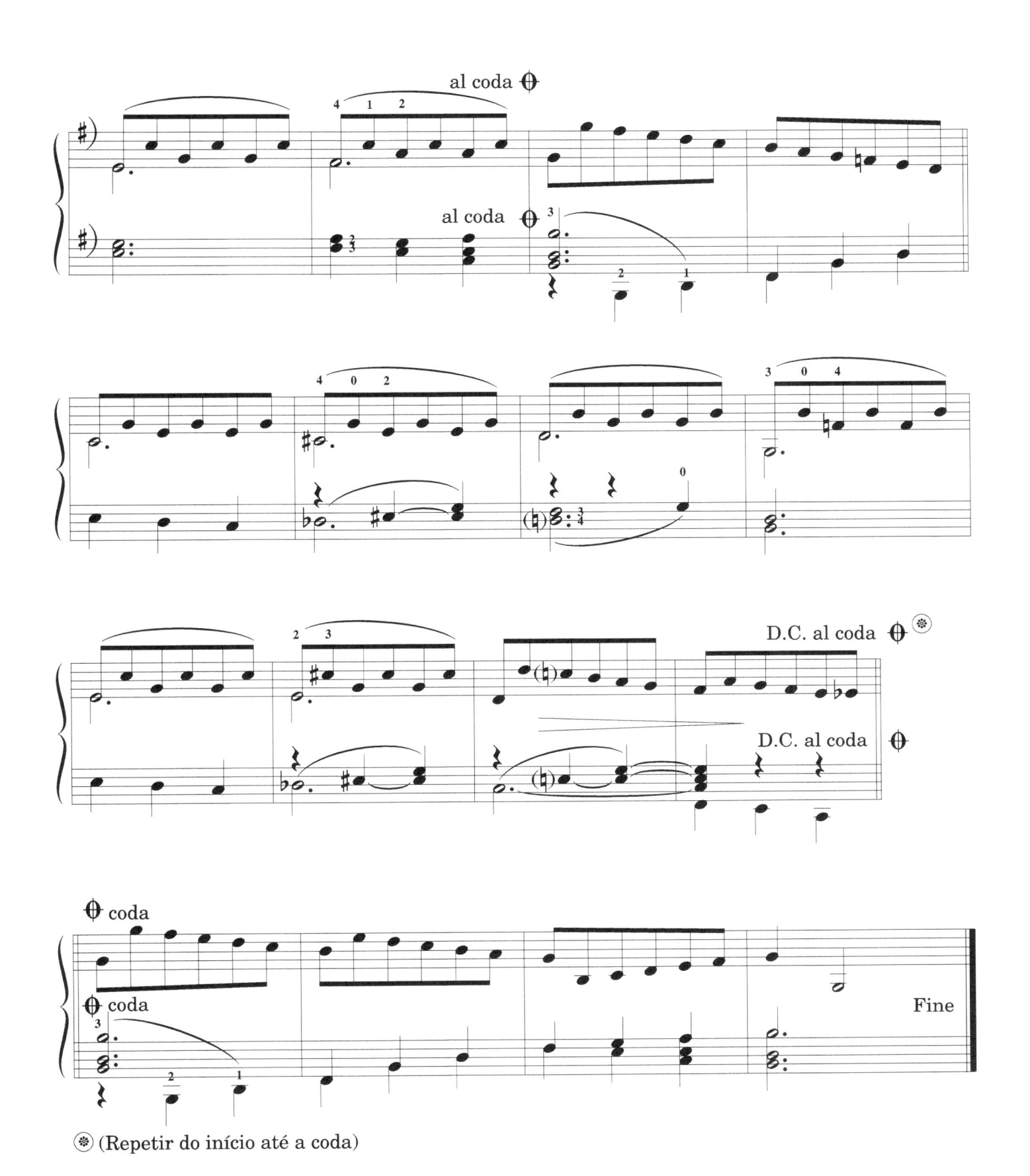

Colcheias Pontuadas e Semicolcheias

■ **EXERCÍCIO 1**

Lentamente

■ **EXERCÍCIO 2**

Lentamente

Repare acima que a estrita (ou legítima) interpretação de uma colcheia pontuada e semicolcheia produz um ritmo swingado. Na música pop e no jazz são tocadas mais legato (ligados num fluir mais suave). Isto é obtido quando as notas são tratadas como tercinas.

Exemplo:

■ **EXERCÍCIO 3**

Lentamente

(Manter a sensação de tercinas)

Tonalidade de E menor *(Escalas na Primeira Posição)*

Relativo de G Maior.

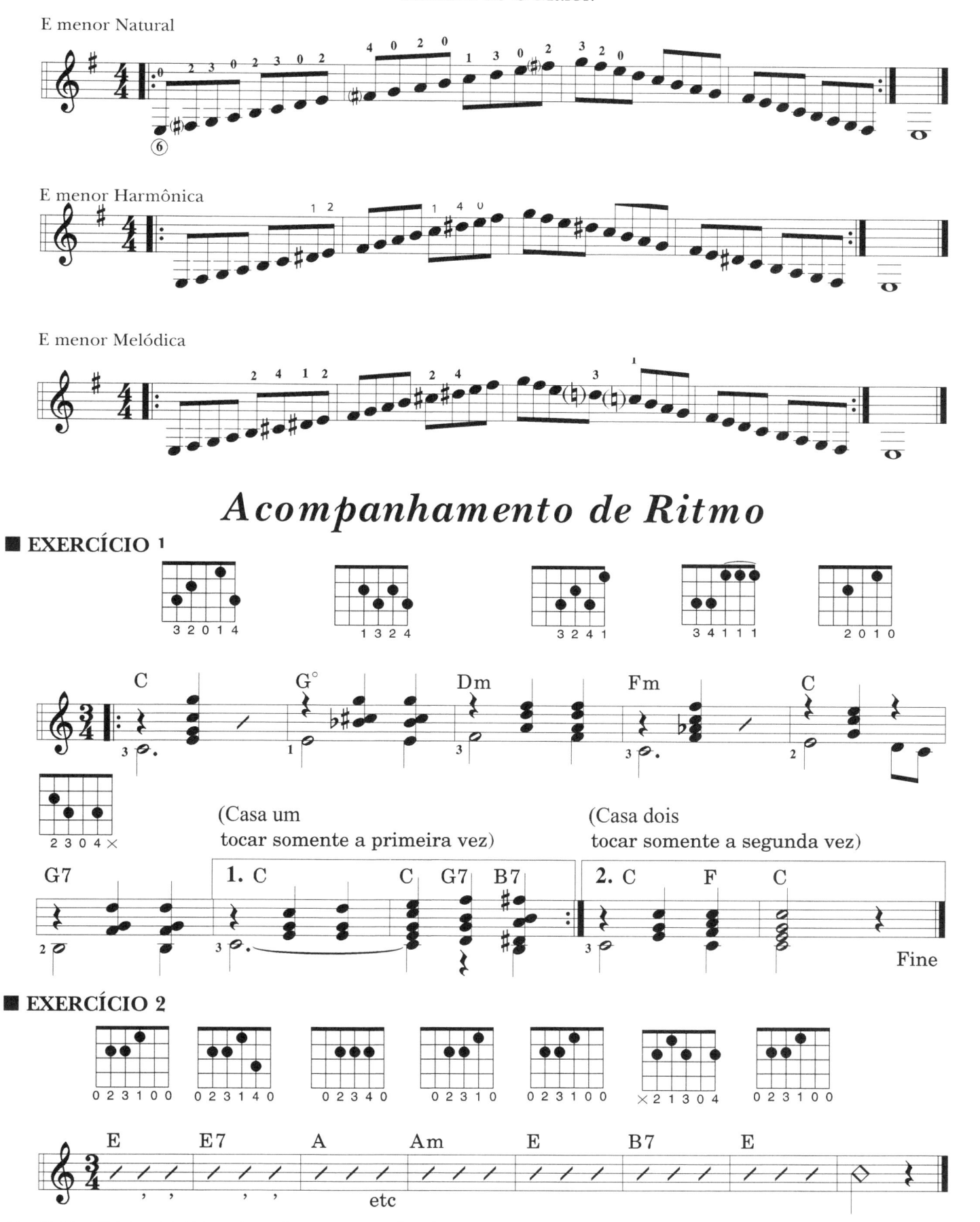

E menor Natural

E menor Harmônica

E menor Melódica

Acompanhamento de Ritmo

■ **EXERCÍCIO 1**

■ **EXERCÍCIO 2**

Em tempo de valsa, os acordes são abafados imediatamente depois do segundo e terceiro tempos.

Take Your Pick (Duo)

Para palhetadas alternadas saltando cordas.

PREPARAÇÃO DE ACORDES

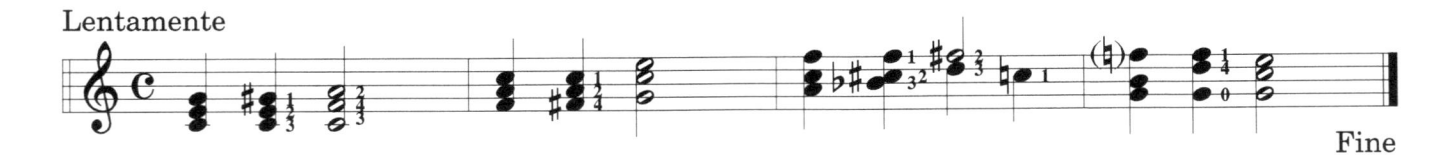

Duo

Acompanhamento Rítmico
O princípio de formas móveis de acordes.

Subindo pelo braço em escala diatônica as notas naturais se encontram de duas em duas casas, exceto E a F e B a C, em casas vizinhas.

EXEMPLO (1ª ou 6ª corda)

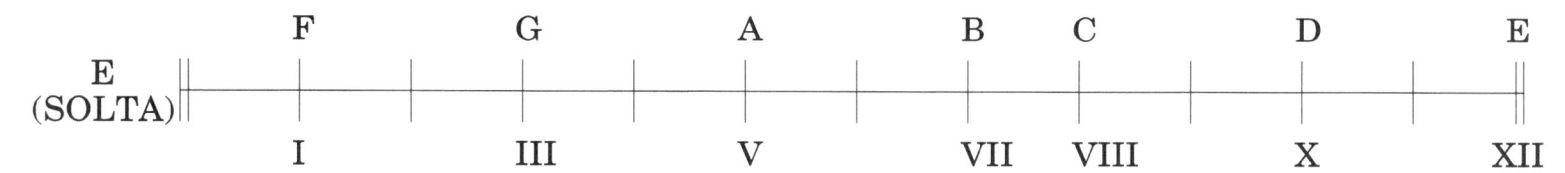

O exemplo se aplica aos acordes tocados como adiante:
1. Ao tocar F Maior, F menor e F7 na primeira casa (usando a mesma posição), G Maior, G menor e G7 estarão na terceira casa (duas casas acima de F). Subindo mais alto, A Maior, A menor e A7 estarão na quinta casa, B Maior, B menor e B6 na sétima casa e C Maior, C menor e C7 estarão na oitava casa (subindo uma casa do B).
2. Todos os formatos *móveis* não terão corda solta.
3. Sustenidos e bemóis alteram as posições de acorde em uma casa, o mesmo que as notas individuais.

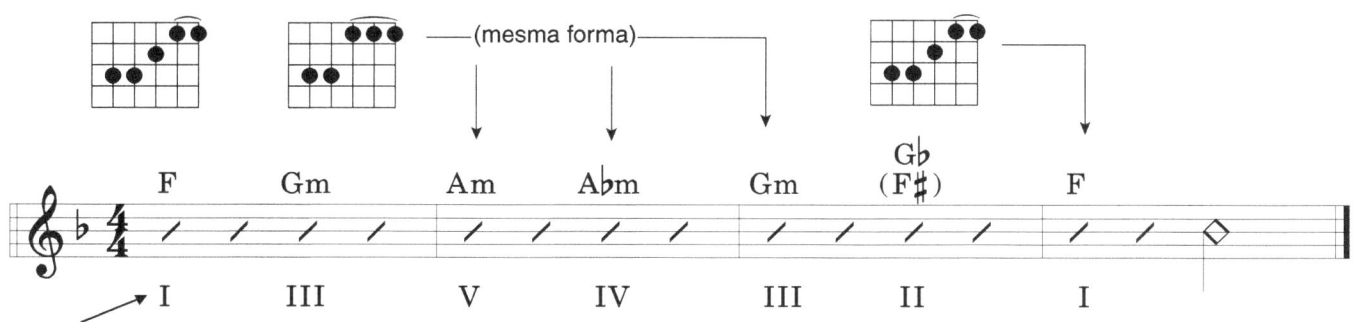

Os algarismos romanos (chamados de marcas de posicionamento) indicam a casa na qual coloca-se o primeiro dedo.

Nas páginas seguintes todas as novas posições de acorde serão móveis.

Escala Cromática (Primeira Posição)

A escala cromática é composta de semitons (meio tom).

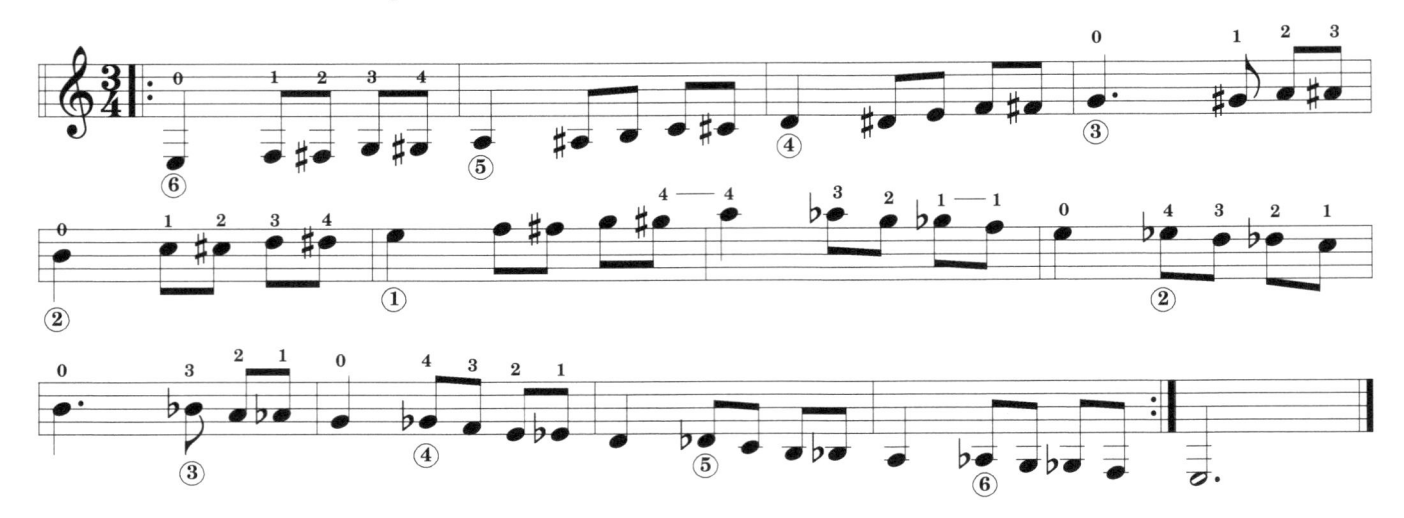

Estudos de Velocidade

Toque as seguintes frases em colcheias numa velocidade uniforme, lentamente no início. Aumente a velocidade paulatinamente. Memorize as frases e pratique cada uma em todas as tonalidades. Sempre comece na tônica (nota principal) de cada escala e transponha o resto das notas pelo padrão seguinte. Se for necessário, anote-as.

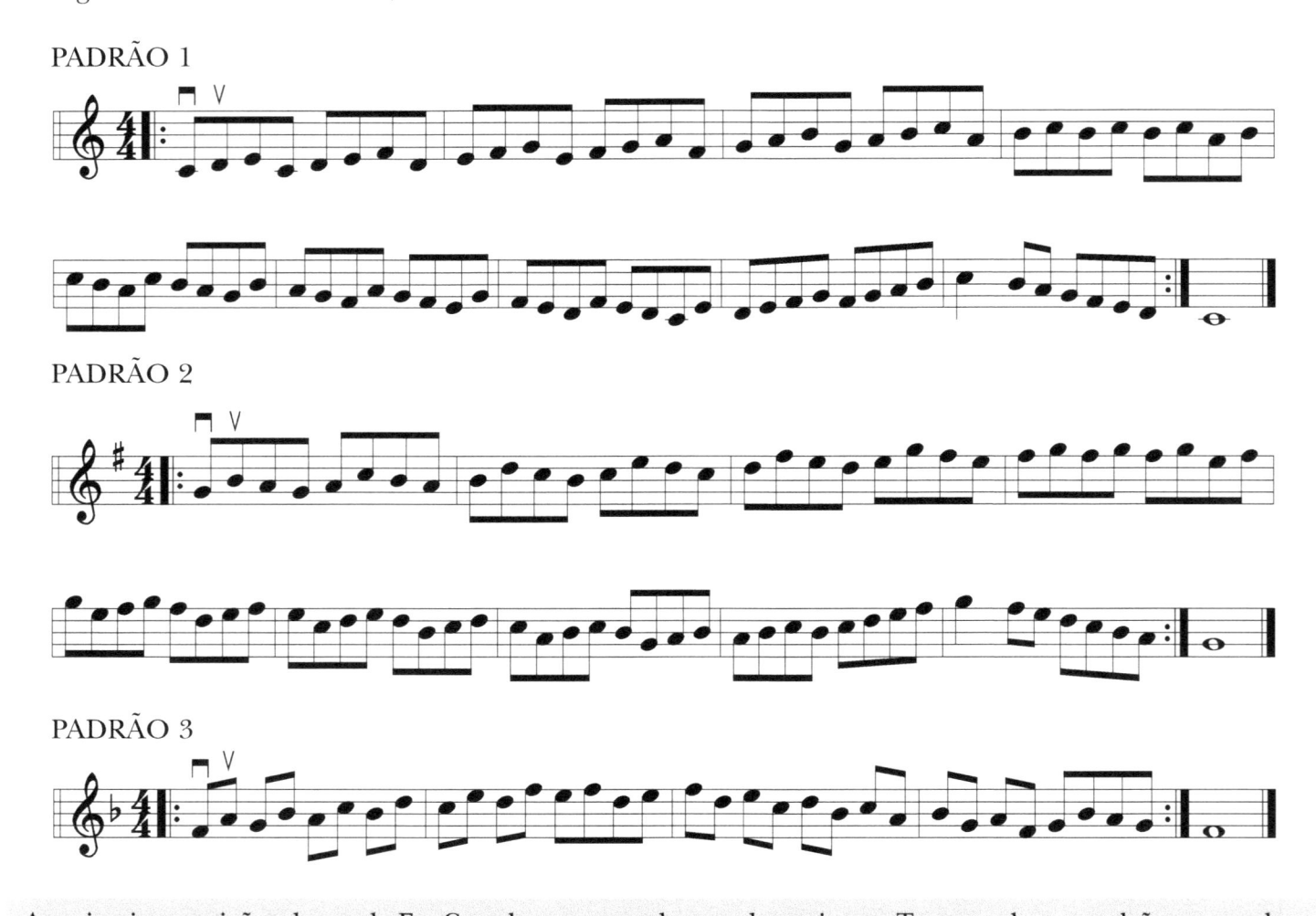

PADRÃO 1

PADRÃO 2

PADRÃO 3

As primeiras posições da escala F e G podem ser tocadas em duas oitavas. Toque todos os padrões em ambas.

Tonalidade de D menor (Escalas na Primeira Posição)
Relativo de F maior

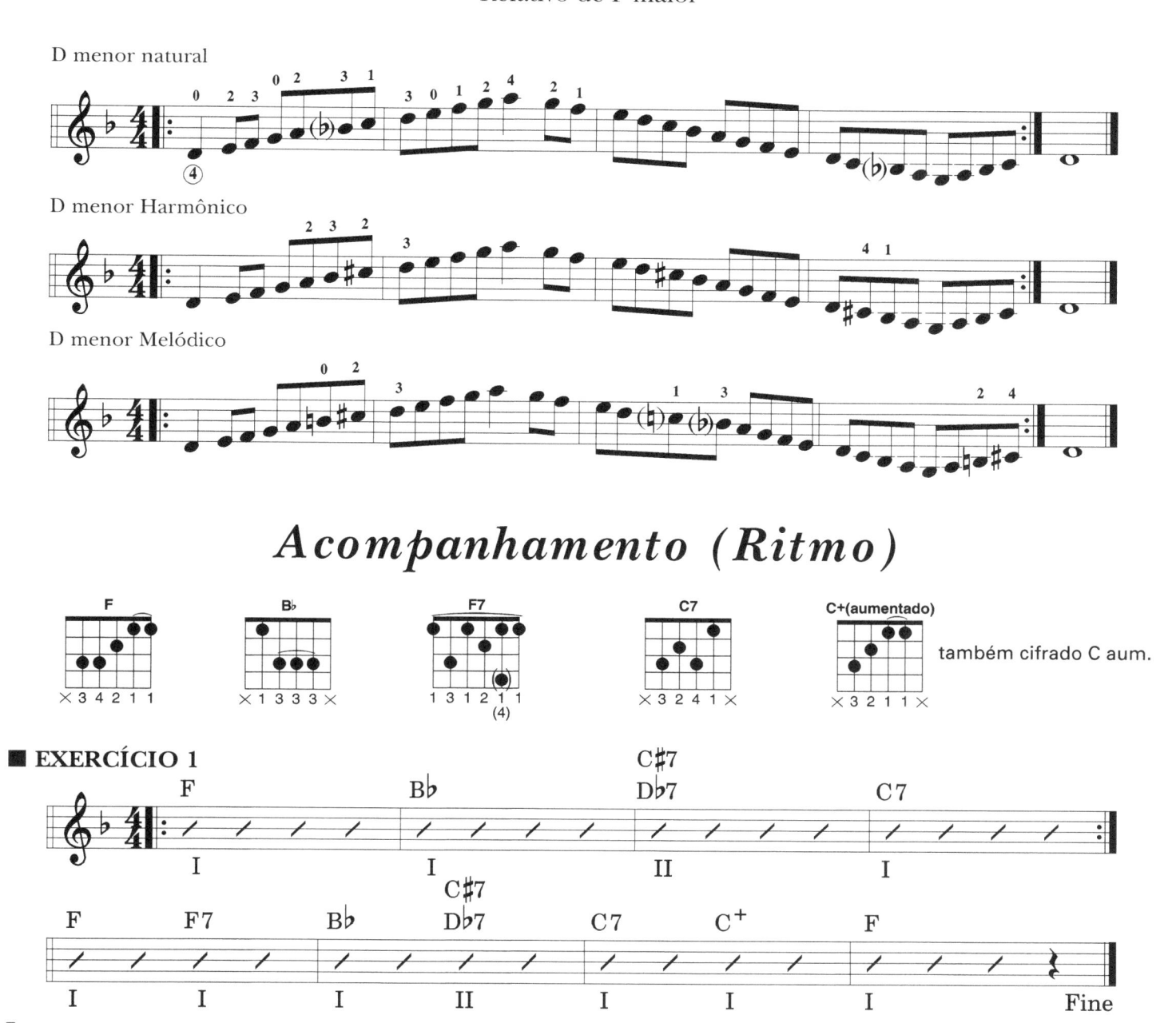

D menor natural

D menor Harmônico

D menor Melódico

Acompanhamento (Ritmo)

EXERCÍCIO 1

Essa é a mesma seqüência de acordes, mas transposta a uma tonalidade diferente. Observe as marcas de posição.

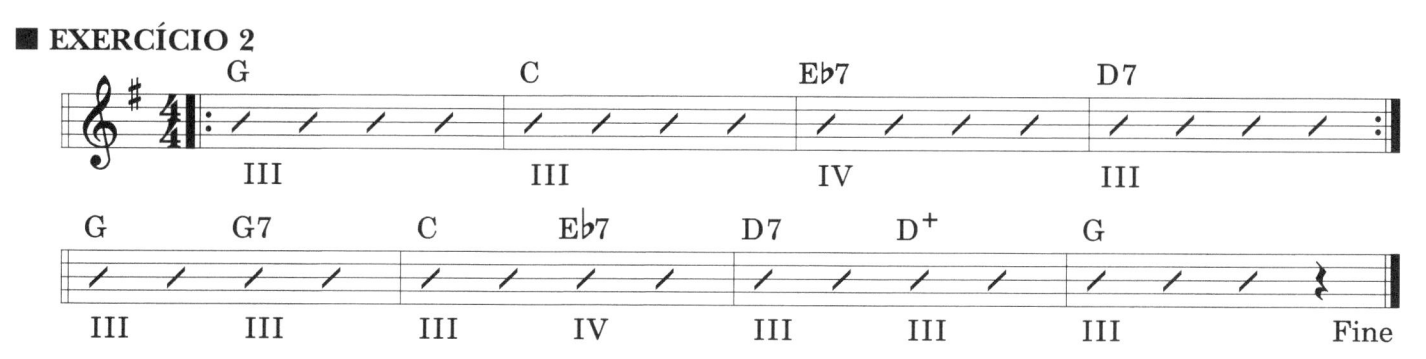

EXERCÍCIO 2

O acorde aumentado mantém suas características, partindo-se de qualquer grau do acorde, tendo como baixo: C+, E+ ou G#.

Estudo de Resistência
Estudo de Palhetada Nº 3

Mantenha o quarto dedo apoiado o tempo todo.

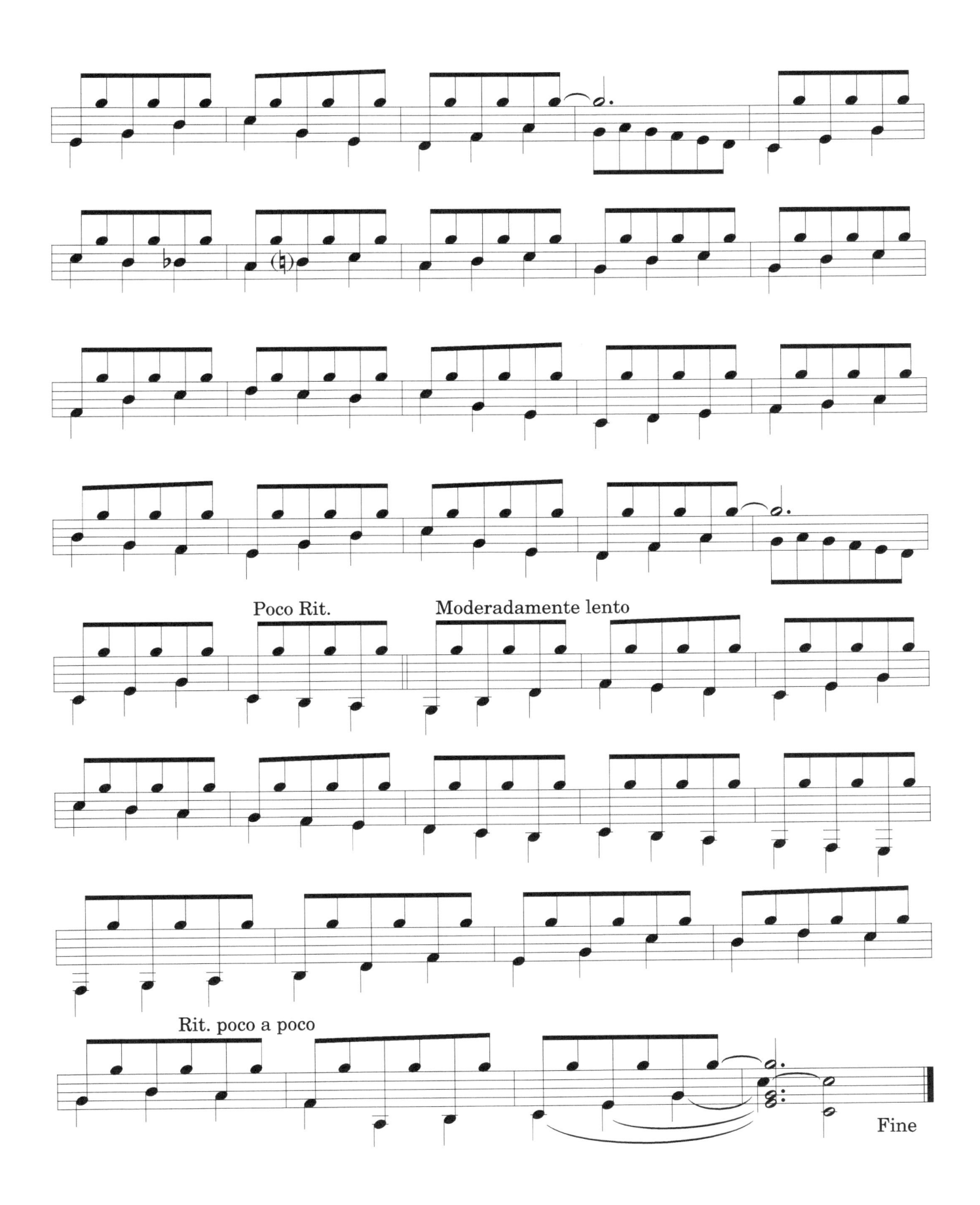

Certifique-se de sempre cumprir as mudanças de tempo. Também varia a "dinâmica" (intensidade de som - alto e baixo). Isto faz com que a música escutada fique mais interessante.

Tonalidade de B♭ Maior (Escalas na primeira posição)

(Todos os B e E são bemóis)

Quando o indicativo de tonalidade contém dois ou mais bemóis, o penúltimo bemol determina a tonalidade.

Acompanhamento (Ritmo)

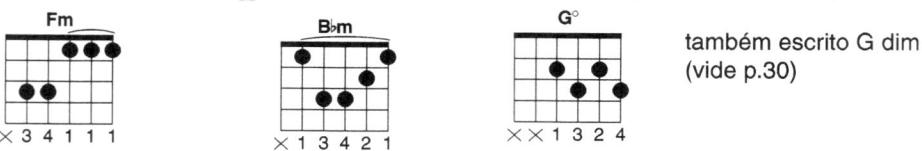

Fm   B♭m   G°

também escrito G dim (vide p.30)

■ EXERCÍCIO 1

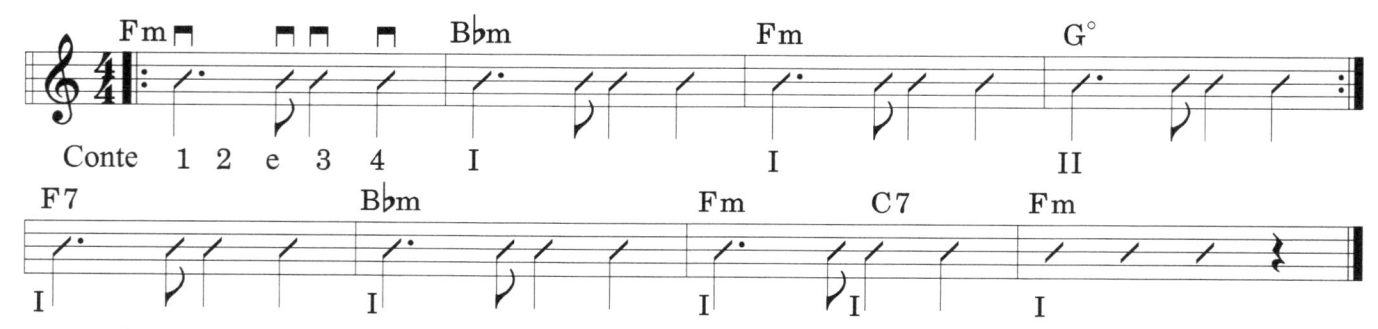

Conte 1 2 e 3 4

■ EXERCÍCIO 2

Esta é a mesma sequência de acordes, transposta para uma tonalidade diferente. Veja as marcas de posicionamento.

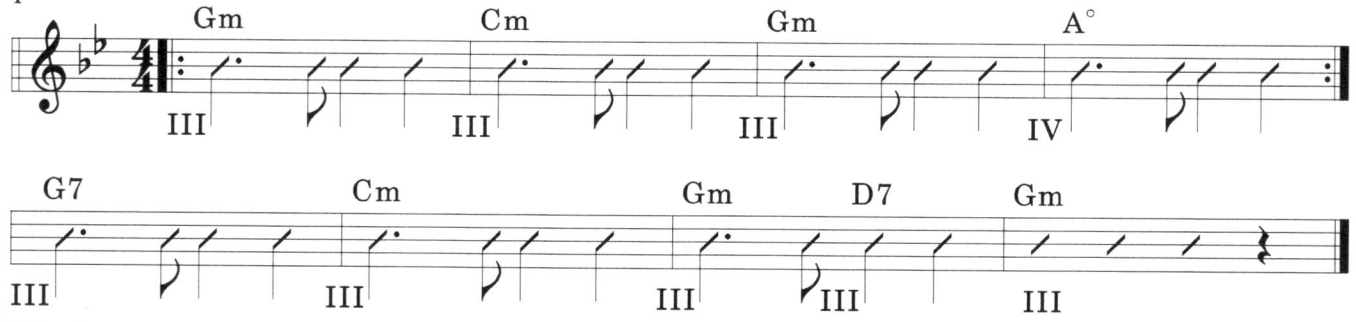

O acorde diminuto pode ser classificado como tal tomando-se como baixo qualquer grau do acorde

Duo em B♭

Estudo de Palhetada Alternada Invertida

Ao palhetar, como indicado, preste muita atenção.

(mantenha a nota mais baixa)

Revise todo o material.

Tonalidade de D Maior (Escala na Primeira Posição)

(Todos os F e C são sustenidos)

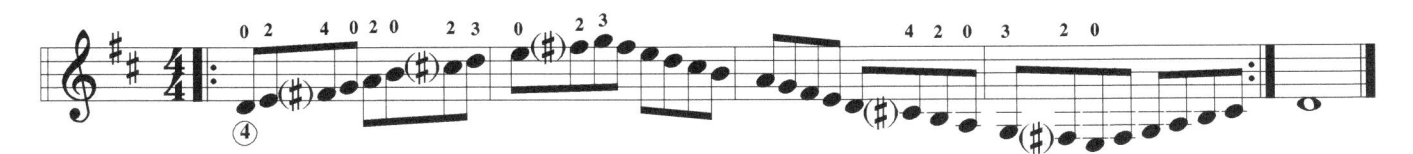

Quando o indicativo de tonalidade contém sustenido,
a primeira nota acima do último sustenido determina o nome da tonalidade.

Duo em D

Conte (1 2) 3 4   1 2 3 (4   1) 2 3 (4)

Ponto acima da nota indica staccato

Toque assim: II Fine

Estudo Dinâmico (Duo)
Estudo nº4

Execute todas as notas em seu valor inteiro.

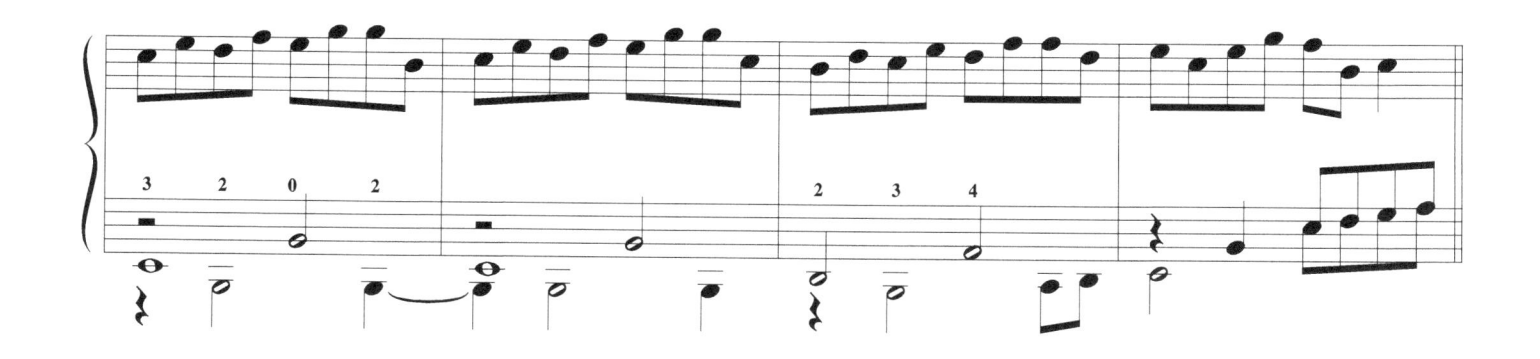

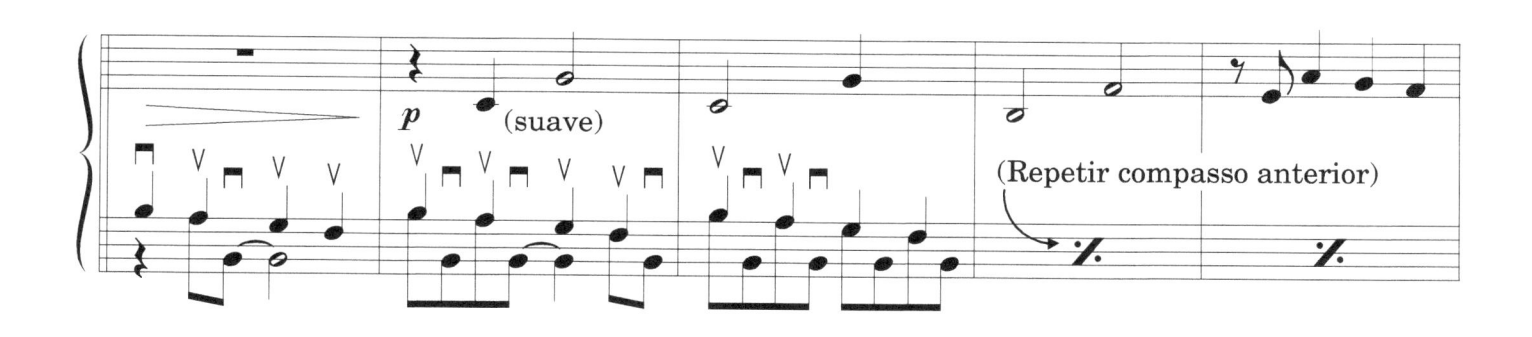

(suave)

(Repetir compasso anterior)

(forte)

Conte 1 2 3 4

Molto Ritard (muito)

Fine

Tonalidade de A maior (Primeira Posição)
Duo em A

(Todos os F, C e G são sustenidos)

Acompanhamento (Ritmo)

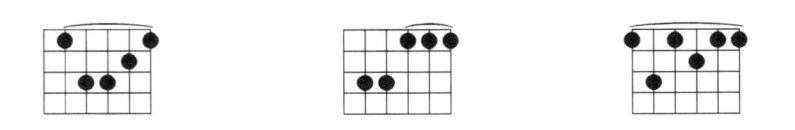

■ **EXERCÍCIO 1**

Cm	Fm	G7	Cm
III	I	III	III / Fine

■ **EXERCÍCIO 2**

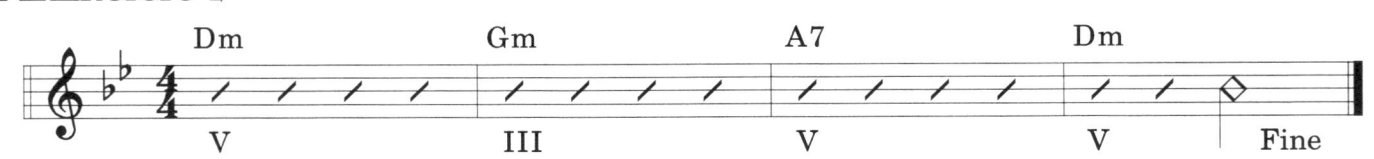

Dm	Gm	A7	Dm
V	III	V	V / Fine

Tonalidade de E♭ Maior
(Escala na Primeira Posição)

(Todos os B, E e A são bemóis)

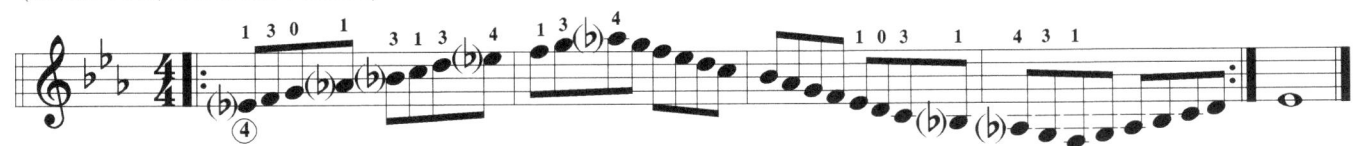

Duo em E♭

■ Lembre-se dos bemóis. Conte o tempo cuidadosamente.

Moderado 4 (sensação de swing)

NOVA POSIÇÃO — E♭ (III) — Cm (III) — Fm (I) — B♭7 NOVA POSIÇÃO (I)

E♭ (III) — Cm — Fm (I) — B♭7

C bemol igual a B natural.
2ª corda solta ou 4ª casa da 3ª corda

E♭ (III) — E♭+ (IV) — A♭ (IV) — A♭m (IV)

E♭ (III) — A♭ (IV) — E♭ (III) — B♭7 (I) — E♭ (III) — Fine

Posições de Acordes Móveis

Uma compilação das posições móveis apresentadas na Seção I.

Digitação relacionada

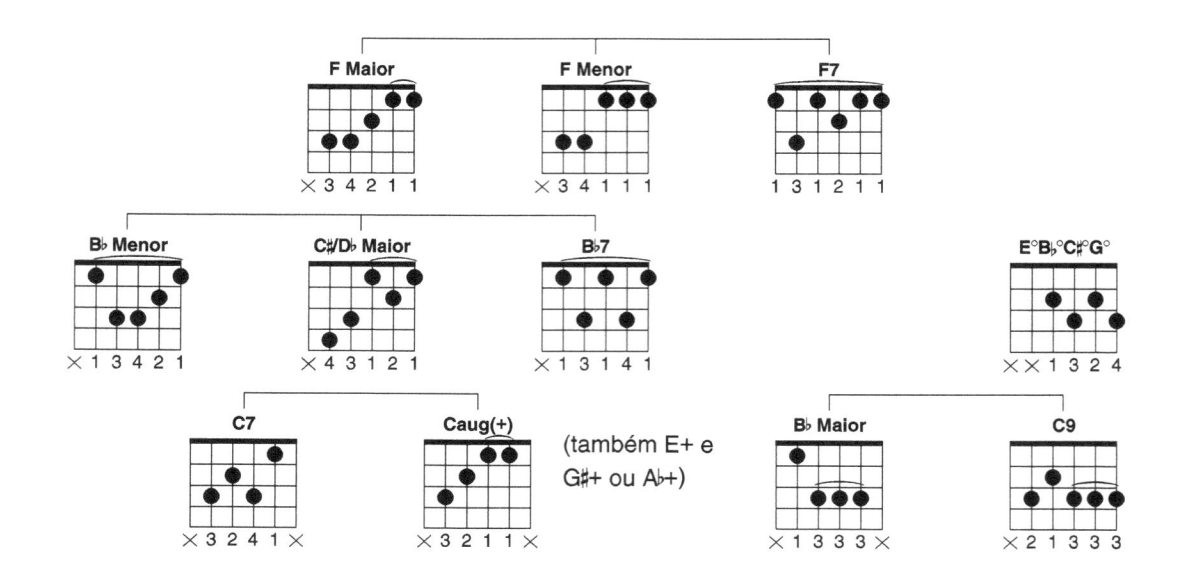

F Maior × 3 4 2 1 1
F Menor × 3 4 1 1 1
F7 1 3 1 2 1 1

B♭ Menor × 1 3 4 2 1
C#/D♭ Maior × 4 3 1 2 1
B♭7 × 1 3 1 4 1
E°B♭°C#°G° × × 1 3 2 4

C7 × 3 2 4 1 ×
Caug(+) × 3 2 1 1 × (também E+ e G#+ ou A♭+)
B♭ Maior × 1 3 3 3 ×
C9 × 2 1 3 3 3

▍ Com as onze posições apresentadas, você pode acompanhar qualquer canção em qualquer tonalidade, contanto que:
1. Você entenda o princípio das posições móveis descrito na p. 45.
2. Siga a tabela da continuação.

Tabela de Simplificação e Substituição de Acordes

TIPO	ESCRITO					SUBSTITUIÇÃO SIMPLIFICADA		
Maior	C6	C7Mai	C9Mai	C9/6	C9/6Mai	Use:	C Maior	
7ª Dominante	C9	C13	C9(11+)	C11+	———	Use:–	C7	
7ª Dom. Alterada 9ª	C7(-9)	C7(♭9)	C13(-9)	C13(♭9)	———	—	C7 or G dim	{ monte um acorde dim na 5th nota acima do C
	C7(+9)	C7(♯9)	C13(+9)	etc.	———	—	C7 (or G°)	
7ª Dom - 5ªAlterada	C7+	C7(+5)	Caug7	C9+	C9(+5) C+9	Use:	C+	{ monte um acorde substituto na 5ª bemol acima do C
7ª Dom -	C7(-5)	C7(♭5)	C9(-5)	etc...	C7$^{-5}_{+5}$ ———	—	C+ or G♭+	
5ª, 9ª Alterada	C7$^{-9}_{+5}$	C7$^{+9}_{+5}$	C7$^{+9}_{-5}$	C7$^{-9}_{-5}$	———	—	C+ or G♭7	
7ª Dom - Sus 4	C7(sus4)	C7(susF)	C9(sus4)	C9(susF)	C11	Use:	G menor	5ª nota acima do C
menor	Cm6	Cm9/6				Use:	C menor	
7ª menor	Cm7	Cm9	Cm11			Use:	Cm	
menor com 7ª Maior	Cm(♮7)	Cm(♯7)	Cm(mai7)			Use:	G+(5ª acima do C) ou Cm	
7ª menor 5ª alter.	Cm7(-5)	Cm7(♭5)				Use:	E♭m	{ construa sobre a 3ª acima do C menor ou

▍ De fato, tendo somente onze posições de acordes à sua disposição, torna-se necessário subir e descer pelo braço muito mais do que desejável para se obter um bom ritmo. Quanto mais posições você conhecer, menor será a distância a percorrer pelo braço e mais melódico será seu acompanhamento.

Palhetada - Uma Técnica Diferente

O princípio é atacar cada corda nova com uma palhetada descendente.

Essa técnica é mais antiga do que a palhetada alternada e menos utilizada hoje em dia. Porém, ela é mais um passo no controle da mão direita e, quando dominada, é bem rápida nos trechos ascendentes.

Exemplo do uso dessa técnica pode ser encontrado na p. 48, (compasso 20, dos "Estudos de Resistência"). Esse tipo de palhetada será sugerido ocasionalmente nas páginas seguintes, *mas somente em certas situações* (arpejos, escalas de tons inteiros etc.) e só adicional a palhetada alternada. Você terá que dominar esta técnica gradualmente e, quando for prático, adicionar este estilo a sua técnica geral da mão direita. Porém, o esforço mais concentrado deve ainda ser aplicado á palhetada alternada.

❋ (>) marca de acento: palhetada mais forte.

SEÇÃO DOIS
Tocar em Posição

A posição é determinada pela casa tocada pelo primeiro dedo. A casa é indicada por um algarismo romano. Estritamente falando, uma posição no braço ocupa quatro casas adjacentes. Em algumas escalas, uma ou mais notas ficam fora da área de quatro casas e estas notas devem ser tocadas esticando o primeiro ou quarto dedo sem deslocar a mão inteira, "FS" (*finger stretch*). Quando a nota fora de posição é uma nota de escala, o dedo esticado é determinado pelo tipo de digitação (Tipo I: estica-se o primeiro dedo; Tipo IV: estica-se o quarto dedo). Quando a nota fora de posição não é uma nota de escala, nem ascendente, usa-se o FS I, descendente, e o FS IV, independente do tipo de digitação. (Todas as digitações de escala introduzidas desde agora não usarão cordas soltas e, por isto, serão móveis na mesma maneira que as posições de acordes introduzidas anteriormente; vide p. 45.)

Escalas Maiores
C Maior (Digitação Tipo 1)
Segunda Posição

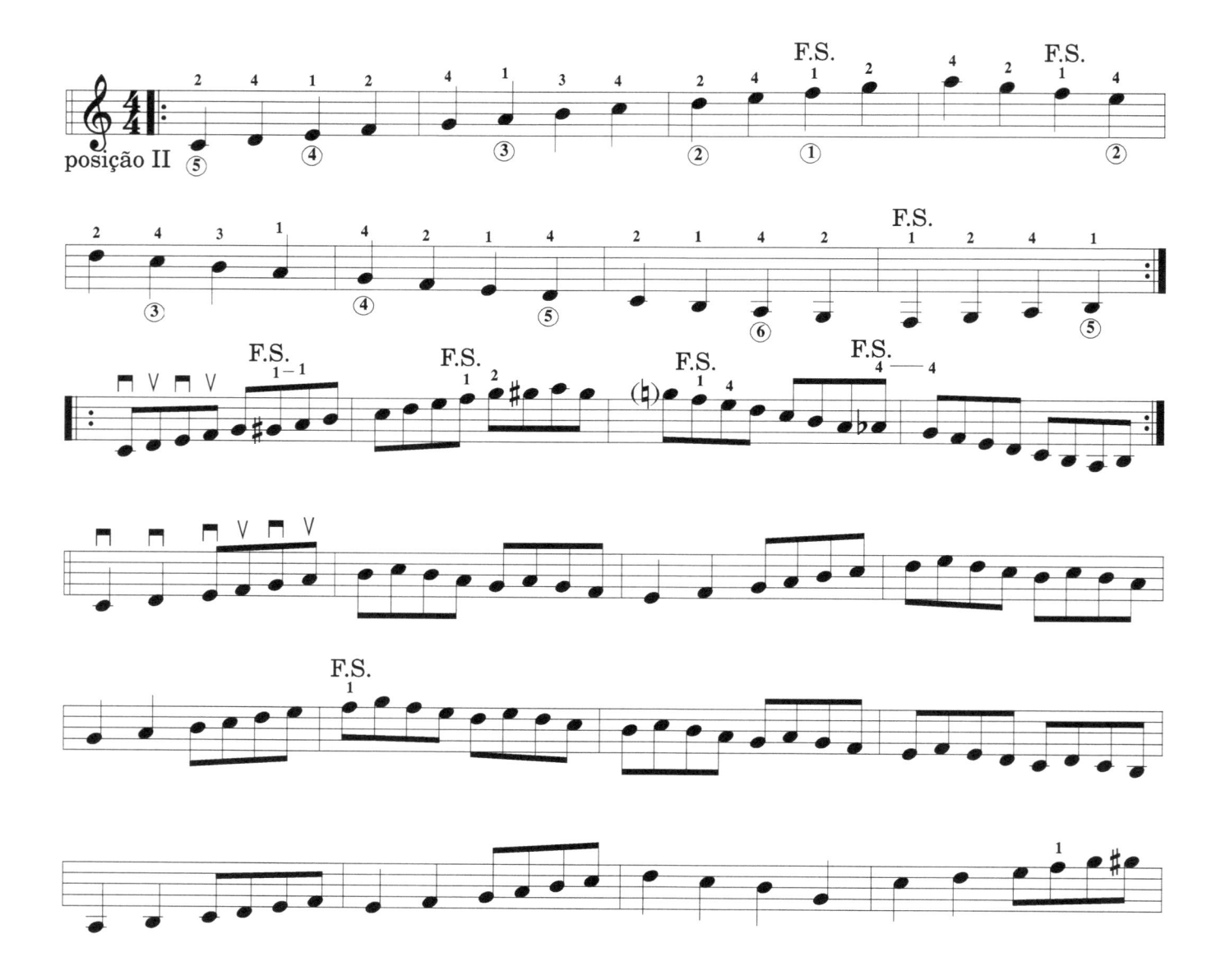

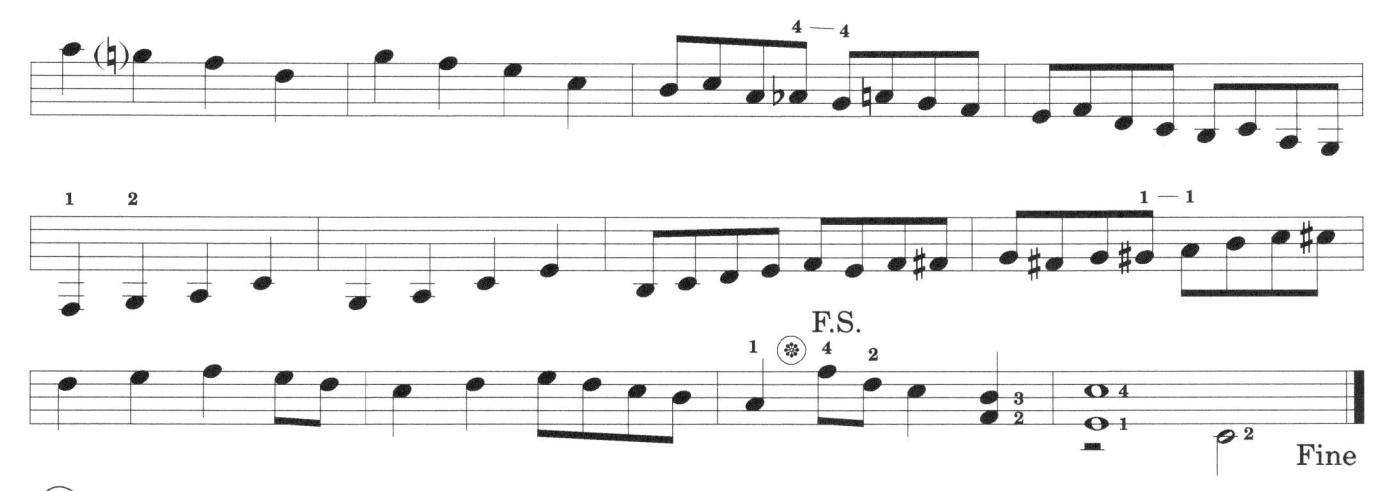

❀ Quando uma nota fora de posição imediatamente precede ou segue uma nota tocada com o mesmo dedo que, normalmente abriria, inverta o processo normal da abertura. Sempre volte à posição após se abrir, nunca se afaste.

ESTUDO DE COLCHEIAS

ESTUDO DE ARPEJO: ACORDES QUEBRADOS

▌ Pratique a palhetada tal como indicado, bem como a palhetada alternada.

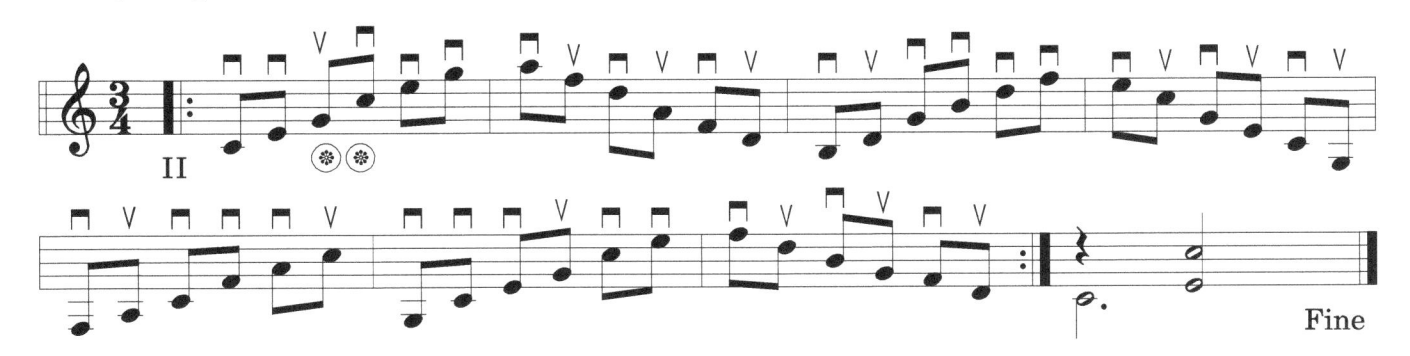

❀ ❀ Quando duas notas consecutivas são tocadas pelo mesmo dedo em cordas adjacentes, role a ponta do dedo de uma corda a outra. Não tire o dedo da corda.

Estudo com Acordes Nº 1

Pratique lenta e uniformemente, concatenando os acordes para fluir de um ao outro sem interrupção entre eles. Observe as indicações de digitação e posicionamento.

Estudo Nº 5 (Duo)

Lembre-se que na guitarra todas as notas naturais estão a duas casas uma da outra, com exceção do E ao F e do B ao C.

Estudos de Leitura

Não pratique essas duas páginas. Leia-as e não mais de duas vezes numa sessão individual de prática. Não as toque em dois dias consecutivos. Não repita uma seção por ter tocado uma nota errada. Mantenha um tempo uniforme e toque os valores de tempo corretos.

Obedecendo as regras acima, você nunca vai decorar esses exercícios e eles sempre serão uma boa prática de leitura. Mais adiante, recomendamos que use esse processo com uma variedade de matérias, visto que é a única maneira pela qual um guitarrista pode conseguir manter qualquer competência na leitura. Constantemente, quando estamos trabalhando, não lemos todos os dias e isso pode prejudicar a privacidade de nossas sessões de prática.

C MAIOR 1 (DIGITAÇÃO TIPO 1)

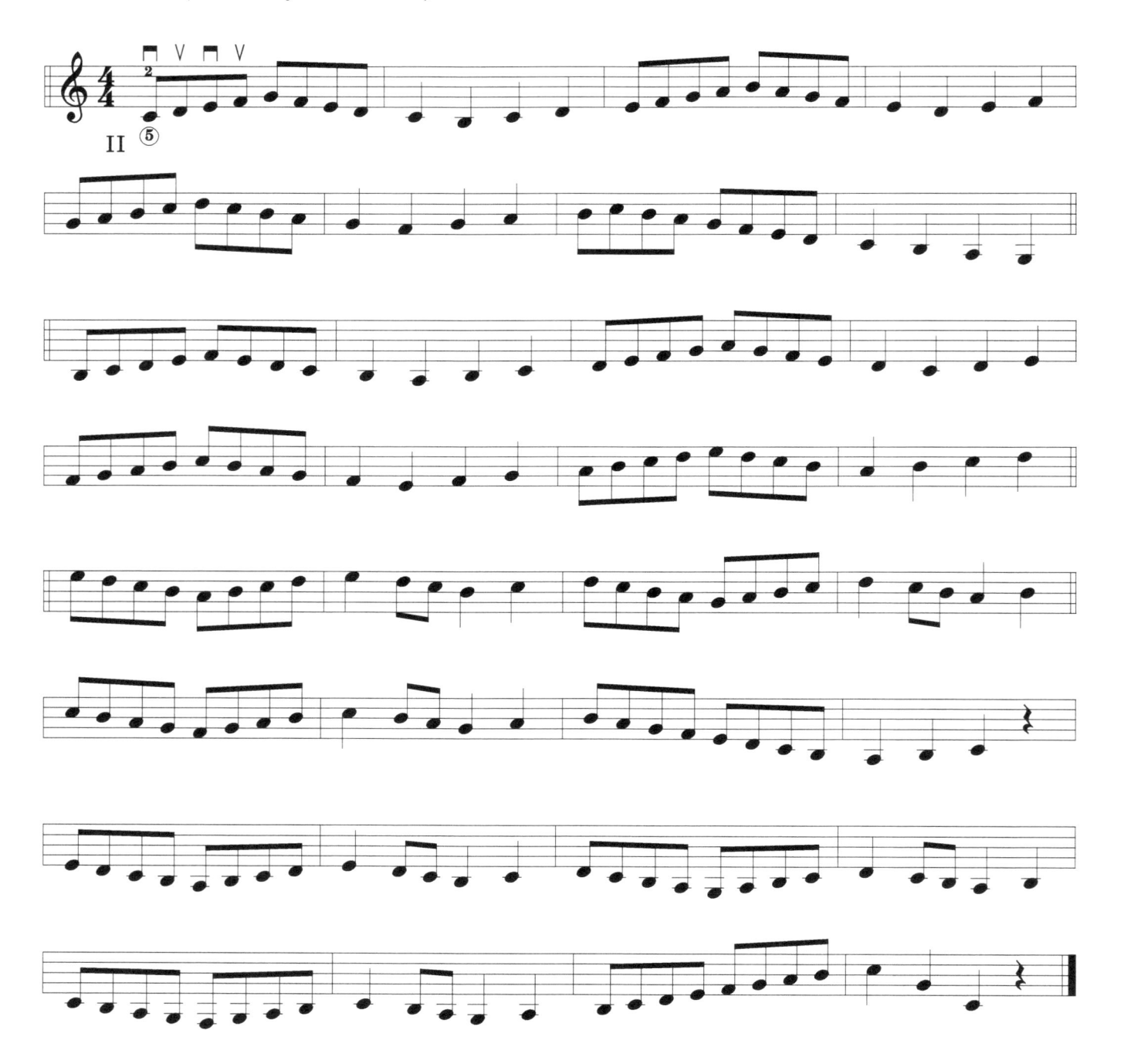

C MAIOR 2 (DIGITAÇÃO TIPO 1)

Se encontrar dificuldades pouco usuais na leitura dessas páginas, volte à página 60 e comece de novo.

Balada (Duo)

Lentamente

✹ Uma marca de posição entre parênteses representa a colocação do segundo dedo, já que o primeiro não é usado.

Posições de Acordes Móveis
Acompanhamento (Ritmo) Parte 2

A parte mais difícil no aprendizado de acordes na guitarra é conseguir que os dedos entrem instantaneamente e sem esforço consciente na posição correta no braço. Isto é, principalmente, um problema físico e algum tempo de prática parece ser a única solução.

Descobri, porém, que aprendendo novas posições de acordes numa certa ordem (uma seqüência relacionada de digitações), o tempo é, aparentemente, reduzido e você consegue dominar a seqüência.

Por isso, as posições de acordes e a continuação são apresentadas numa ordem específica. Serão usadas, como básicas, as três formas de digitação estudadas anteriormente. Essas formas serão alteradas movendo-se ou retirando-se um ou mais dedos. Assim, cada digitação nova é relacionada diretamente às formas precedentes.

Cada uma das posições básica e derivativa é uma preparação para outra nova posição de acorde.

Não são apresentados nomes específicos das letras, mas somente o tipo de acorde e a corda a qual a tônica pode ser encontrada.

Memorize as posições de todas as estruturas de acordes na ordem do seu aparecimento. Não pule de um para o outro! Não modifique a digitação! Ela vai aparecer na "sua" forma mais adiante, mais relacionada a um novo conjunto de posições. Pratique todas as posições de acordes cromaticamente, subindo e descendo o braço da guitarra, observando os nomes dos acordes.

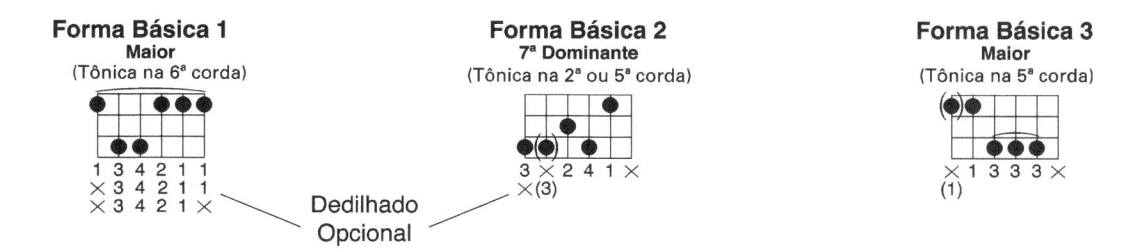

Forma Básica 1
Maior
(Tônica na 6ª corda)

Forma Básica 2
7ª Dominante
(Tônica na 2ª ou 5ª corda)

Forma Básica 3
Maior
(Tônica na 5ª corda)

Dedilhado Opcional

Um ponto entre parênteses (•) significa que, ainda que a nota pertença ao acorde, não é necessária e, freqüentemente, o acorde soa melhor sem ela.

Posições de Acordes

Veja abaixo a posição Básica ! e sete digitações derivadas. Quando a posição básica é dominada e dá nome às derivadas, ela fica relativamente simples. Memorize o tipo de acorde (maior, menor etc.) produzido por cada posição e a corda a qual se encontra a tônica (o nome). Todos as digitações opcionais devem ser aprendidos, mas, primeiro, concentre-se naquele diretamente abaixo do diagrama. É o preferível.

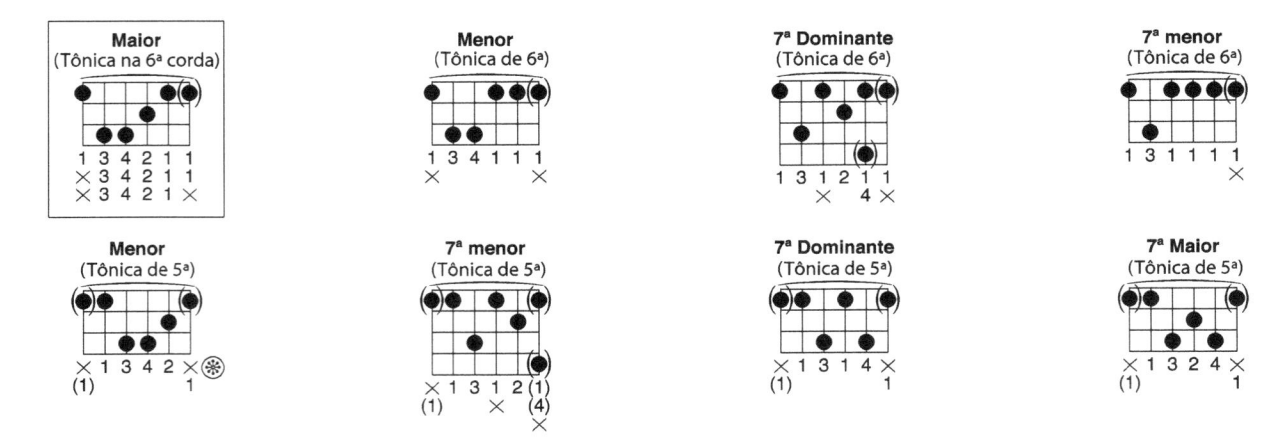

Dicas sobre notação:

Quando o acorde é indicado somente por uma letra, ele é Maior.
Quando é uma letra seguida por um 7, ele é o acorde 7a dominante.
Menor é indicado por "min", "m" ou um traço (-).
7a Maior é indicado por maj7, ma7 ou, às vezes, M7.

■ EXERCÍCIO

Use somente as formas já executadas supra. Observe as indicações de posicionamento.

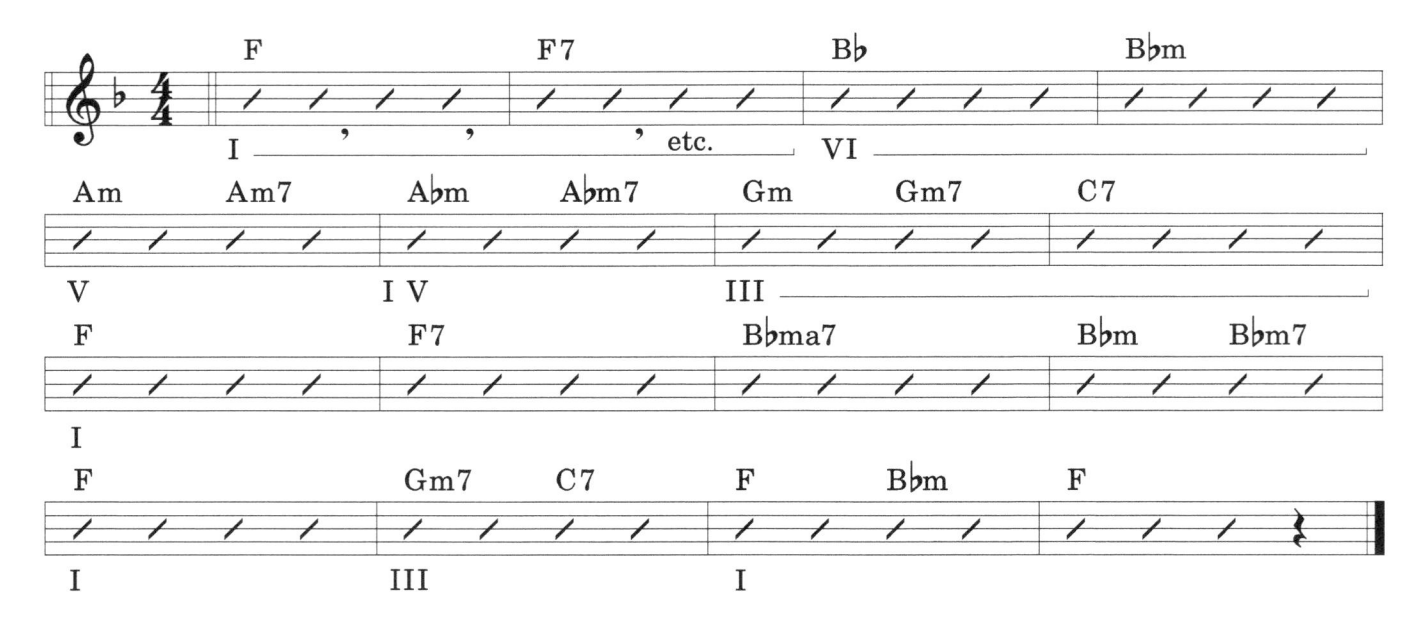

✱ A primeira corda não é muito eficaz para tocar ritmo e embora pressionada por uma pestana, geralmente é melhor omitir a nota fazendo com que a palheta percorra um arco pelas notas, passando por cima dessa corda.

Acompanhamento (Ritmo) - Técnica da Mão Direita

Para a maioria dos iniciantes, tocar acordes (passando a palheta pelas cordas para tocar uma após a outra), parece simples e natural.

Porém, bater nas cordas para que o som combine com uma seção moderna de ritmo é algo muito diferente e requer bastante prática e conhecimento.

Primeiro, usando uma combinação de antebraço giratório e pulso solto (num movimento como expulsando algo do dorso de sua mão), você produz um ataque explosivo onde todas as notas parecem soar simultaneamente.

Segundo, a colocação dos pontos de relaxamento de pressão(❜) e acentos determinam o tipo de ritmo produzido. O assunto será abordado com mais minúcia adiante.

Estudo de Palhetada Nº 4

Observe a digitação.

Mantenha, sempre, o terceiro dedo.

✻ Apoggiatura a ser tocada ligeiramente antes da do G agudo no quarto tempo.

Escala F Maior
(Digitação Tipo 1A, segunda posição)

A escala F Maior mostrada acima está na segunda posição, ainda que o primeiro dedo toque a primeira casa em três notas. Isto acontece porque as três notas de escala requerem que o primeiro dedo seja esticado. A posição básica de quatro casas nunca é contada a partir dum dedo aberto.

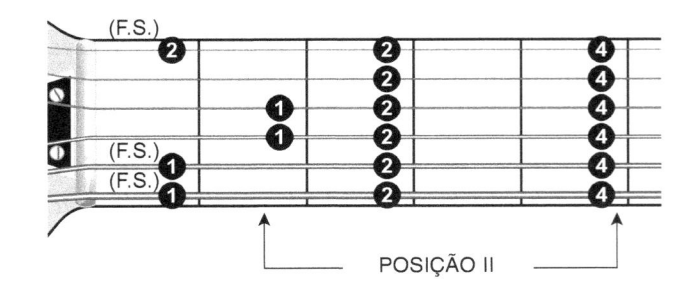

POSIÇÃO II

ESTUDO EM COLCHEIAS

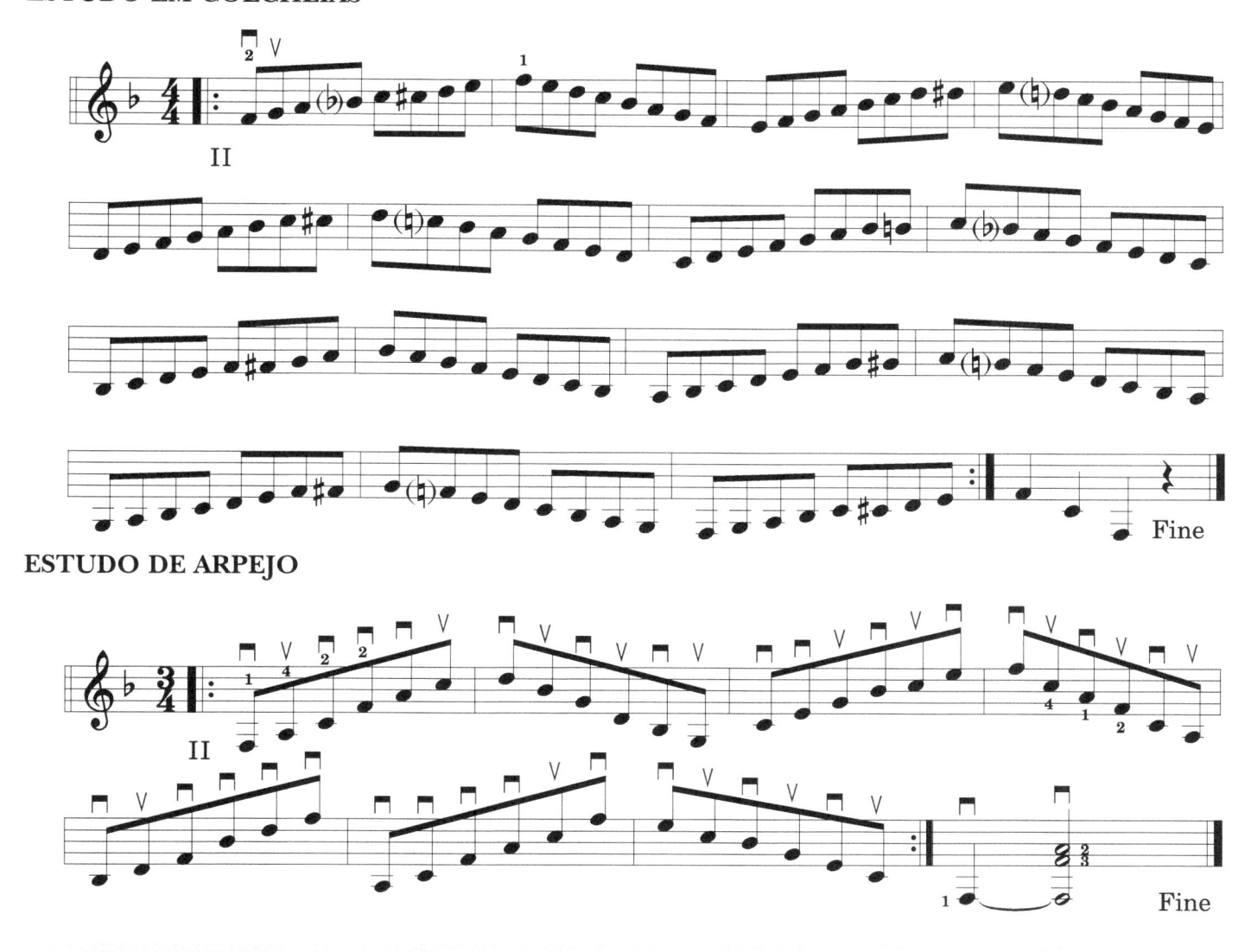

ESTUDO DE ARPEJO

Também pratique arpejos com palhetada alternada, geralmente a mais prática.

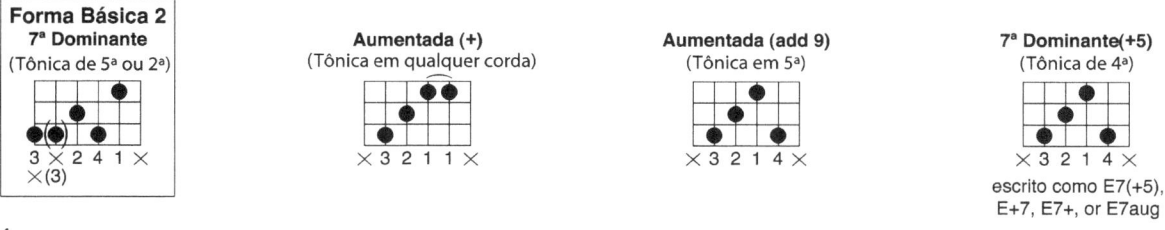

Formas de Acordes

Forma Básica 2
7ª Dominante
(Tônica de 5ª ou 2ª)

Aumentada (+)
(Tônica em qualquer corda)

Aumentada (add 9)
(Tônica em 5ª)

7ª Dominante(+5)
(Tônica de 4ª)
escrito como E7(+5), E+7, E7+, or E7aug

■ EXERCÍCIO

Use as posições acima, assim como algumas posições anteriores.

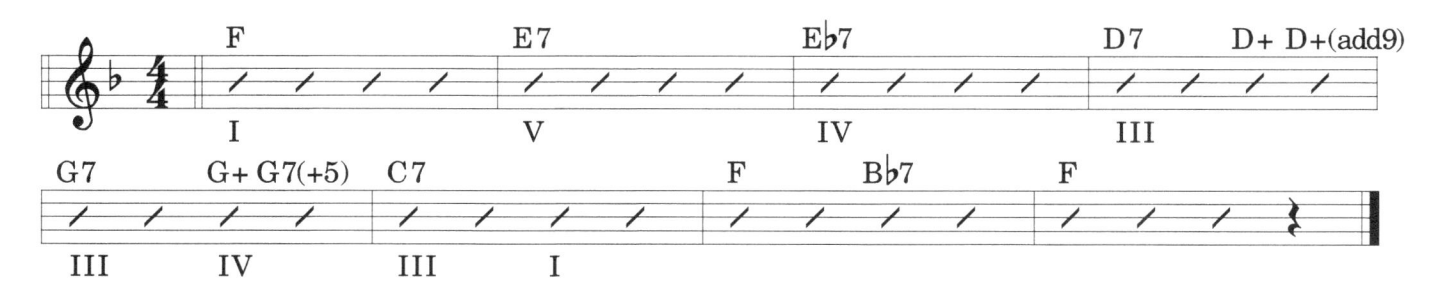

| F | E7 | Eb7 | D7 D+ D+(add9) |
| I | V | IV | III |

| G7 G+ G7(+5) | C7 | F Bb7 | F |
| III IV | III I | | |

Transponha, escreva e pratique todos os exercícios de ritmo numa ou mais tonalidades mais altas.

Estudo em Acordes Nº 2

Rubato: Liberdade do tempo. Acelera e *ritard* à vontade.

Os exercícios de acordes são muito importantes e devem ser revistos regularmente, pois, servem a muitos fins, como reforçar a mão fisicamente esquerda, desenvolver a relação de digitação entre estruturas e eventual reconhecimento de "quadro de acorde".

Outro Duo em F

F.S.

II (Segure todas as notas ligadas)

I

(também com dedilhado alternado ⊓∨)

Fine

A revisão regular é muito importante!

Estudos de Leitura

Pratique esses estudos de leitura. Não os toque dois dias consecutivos (vide p. 64).

F MAIOR 1 (DIGITAÇÃO TIPO 1)

F MAIOR 2 (DIGITAÇÃO TIPO 1 A)

F.S.

FS = finger stretch. Estique o dedo, não mova a mão.

Play It Pretty (Duo)

O símbolo de repetição não é usado após D.S. ou D.C.

Ritard (poco a poco)

Fine

❋ Aqui, uma mudança temporária para a posição III vai simplificar a digitação e eliminar a necessidade do E solto (antecedendo o B♭ agudo).

Posições de Acordes

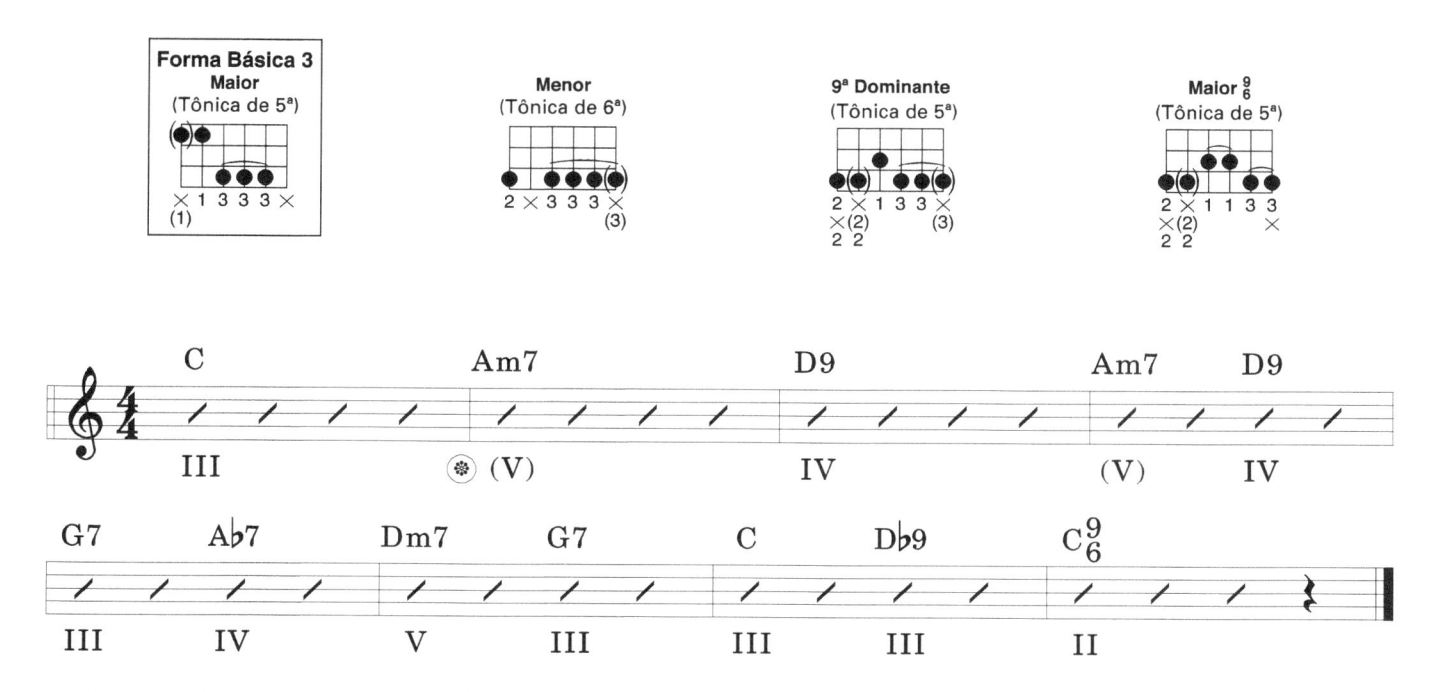

Forma Básica 3
Maior (Tônica de 5ª)

Menor (Tônica de 6ª)

9ª Dominante (Tônica de 5ª)

Maior 9/6 (Tônica de 5ª)

| C | Am7 | D9 | Am7 | D9 |
| III | ❂ (V) | IV | (V) | IV |

| G7 | Ab7 | Dm7 | G7 | C | Db9 | C9/6 |
| III | IV | V | III | III | III | II |

❂ A marca de posição entre parênteses indica que o primeiro dedo é omitido da posição. O número de posição é determinado pela casa mais baixa usada.

Estudo em Tercinas

Pratique usando os dois modelos de palhetada - vide p. 37.

Estudo de Velocidade - Digitação Tipo 1

Mantenha um tempo uniforme. Não toque mais rápido do que a coordenação perfeita de ambas as mãos permite. O aumento de andamento chegará paulatinamente.

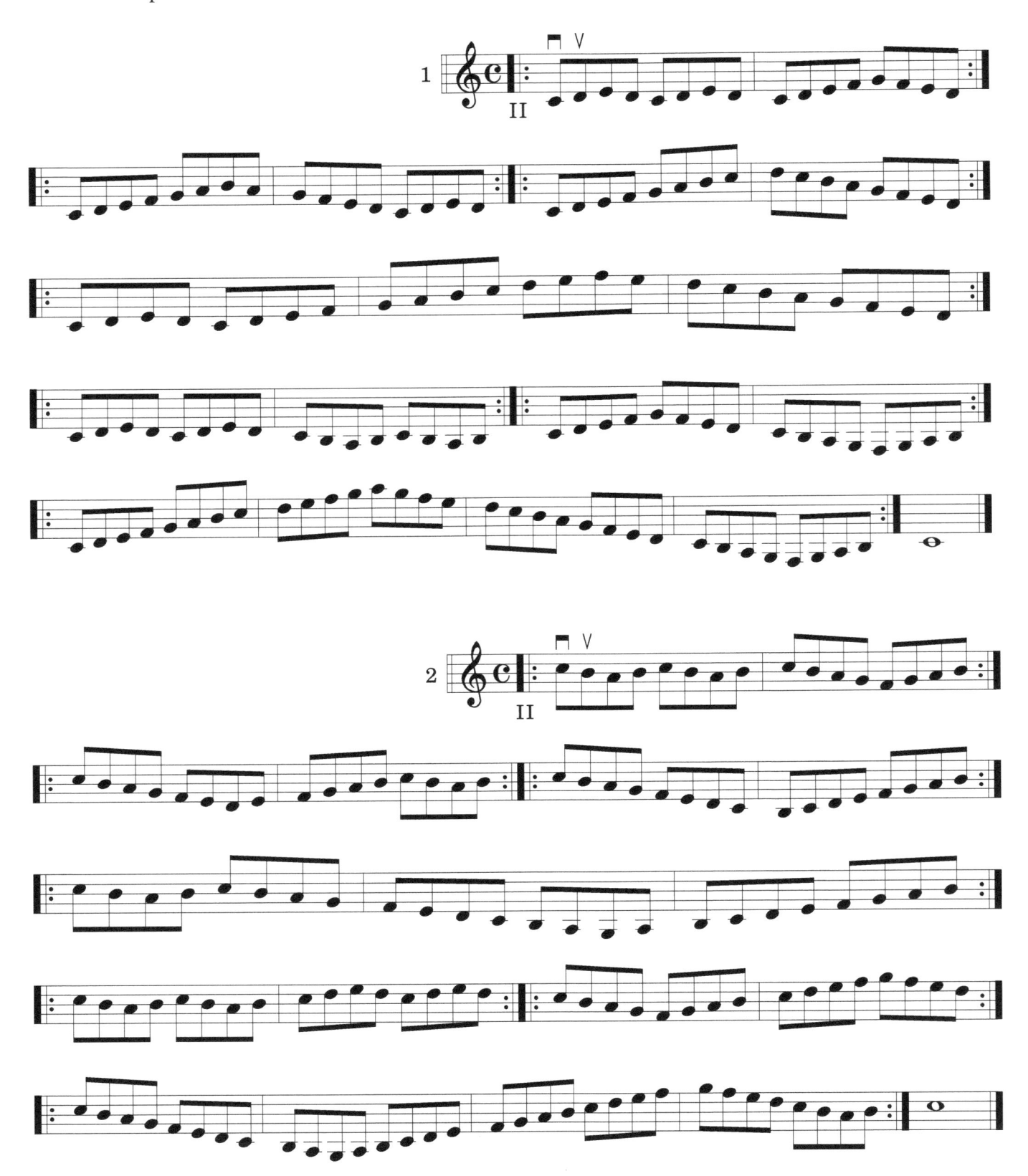

Estudo de Velocidade - Digitação Tipo 1A

Pratique todos os exercícios de velocidade conforme escritos e num ritmo de ♩♪. Também toque com e sem repetições.

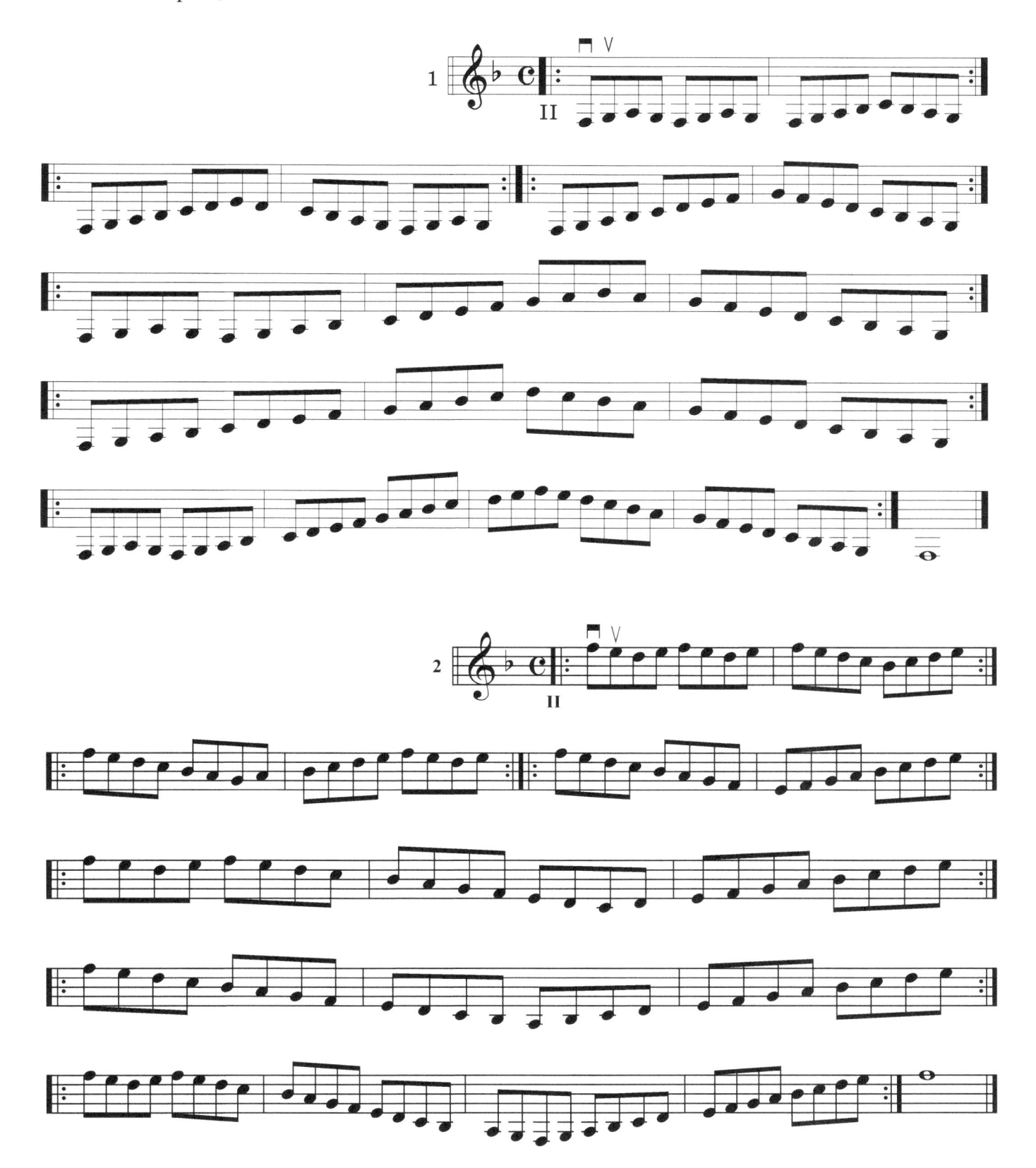

Vide p. 46 para mais padrões de aperfeiçoamento de técnica.

Escala de G Maior
Digitação Tipo 2, segunda posição

ESTUDO EM COLCHEIAS

ESTUDO DE ARPEJO

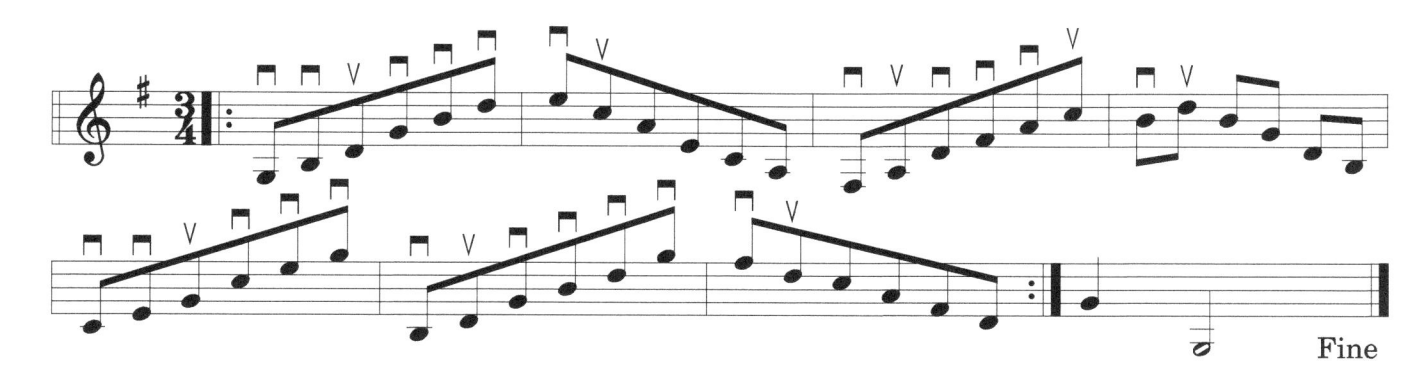

Pratique também os arpejos com palheta alternada.

Estudo em Colcheias Pontuadas e Semicolcheias

Pratique na figura rítmica ♫ e ♪♪. Vide p. 42.

Onde duas notas consecutivas em cordas adjacentes requerem o mesmo dedo, role o dedo, não o levante.

Valsa para Dois (Duo)

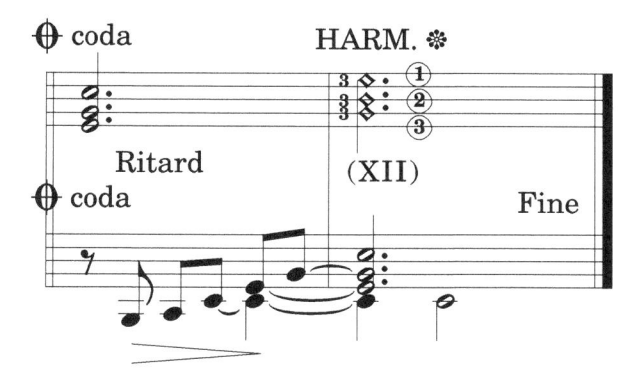

Harmônicos. Encoste o terceiro dedo levemente nas cordas imediatamente acima do traste 12. Toque as cordas indicadas fortemente, levantando o terceiro dedo quase simultaneamente. O som resultante é na mesma oitava anotada (uma oitava acima do que você imaginaria ouvir, já que a guitarra soa uma oitava abaixo da nota escrita). Esses harmônicos naturais (das cordas soltas) também são possíveis nos outros trastes - sendo os mais práticos os trastes sétimo e quinto.

Posições de Acordes

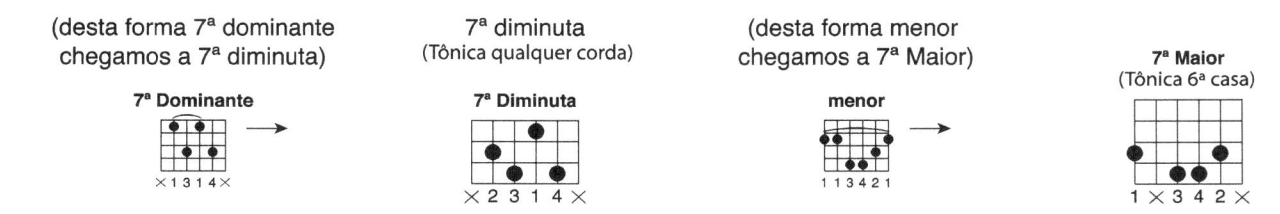

(desta forma 7ª dominante chegamos a 7ª diminuta)
7ª Dominante

7ª diminuta (Tônica qualquer corda)
7ª Diminuta

(desta forma menor chegamos a 7ª Maior)
menor

7ª Maior (Tônica 6ª casa)

▌ Acordes de 7ª diminuta são indicados por Gdim ou G°. (A 7ª é presumida.)

■ EXERCÍCIO 1

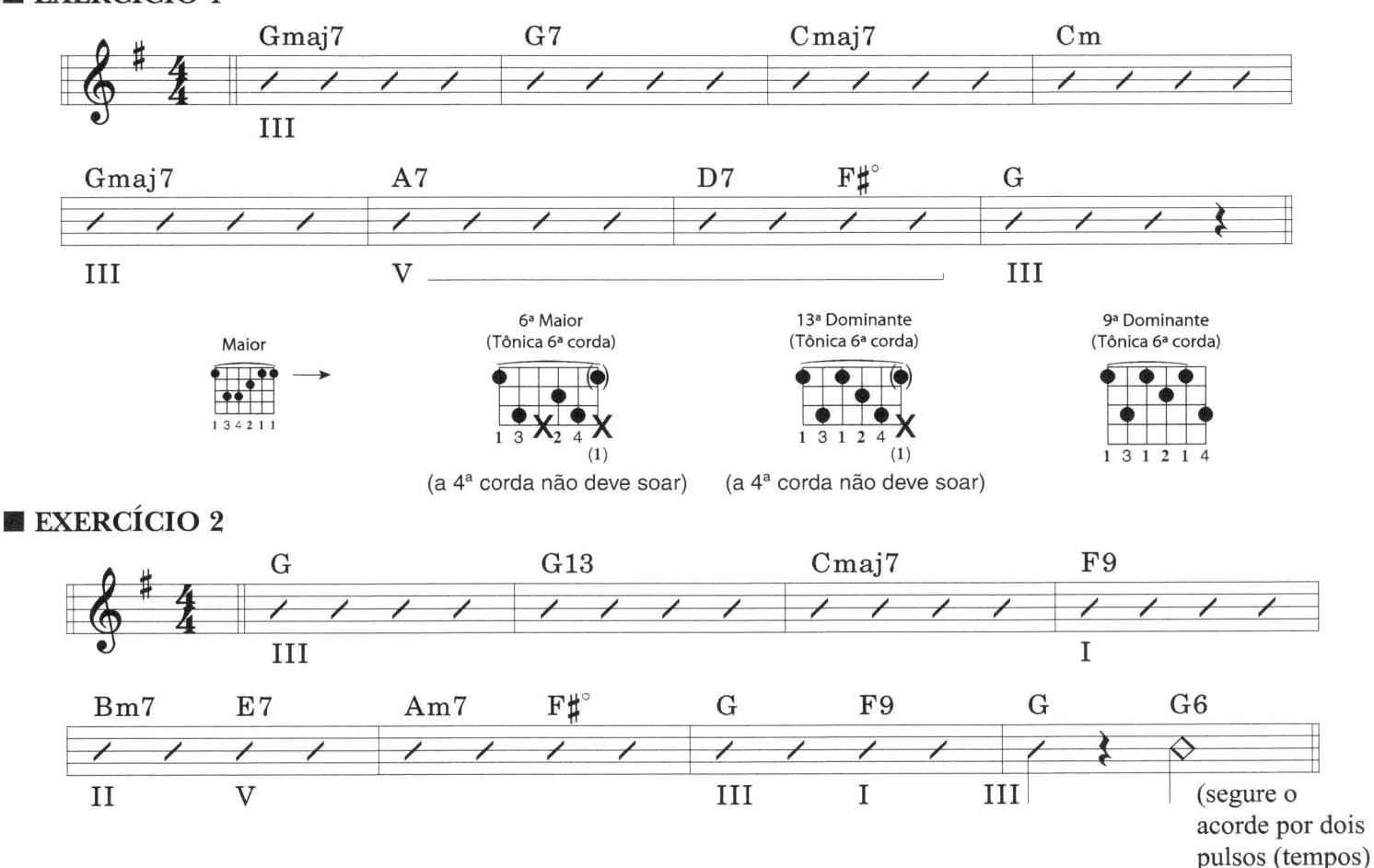

| Gmaj7 | G7 | Cmaj7 | Cm |
| III | | | |

| Gmaj7 | A7 | D7 | F#° | G |
| III | V | | | III |

Maior

6ª Maior (Tônica 6ª corda) — (a 4ª corda não deve soar)

13ª Dominante (Tônica 6ª corda) — (a 4ª corda não deve soar)

9ª Dominante (Tônica 6ª corda)

■ EXERCÍCIO 2

| G | G13 | Cmaj7 | F9 |
| III | | | I |

| Bm7 | E7 | Am7 | F#° | G | F9 | G | G6 |
| II | V | | | III | I | III | |

(segure o acorde por dois pulsos (tempos))

▌ Você pode usar os acordes 6 e 7 Maior como substituto de acordes maiores, e 9 dominante e 13 de acordes 7 dominante.

Estudos de Leitura

Não pratique os estudos de leitura. Apenas leia-os.

G MAIOR 1 (DIGITAÇÃO TIPO 2)

G MAIOR 2 (DIGITAÇÃO TIPO 2)

Continue no mesmo andamento, sem parar, mas em tempo de valsa.

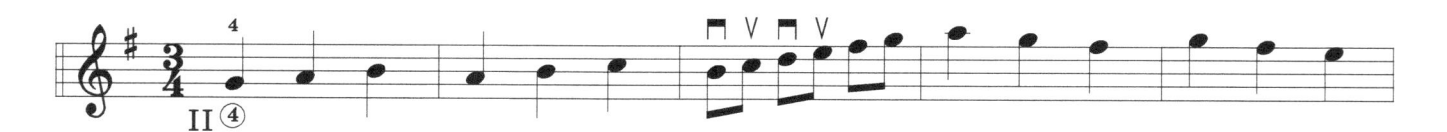

Não está conseguindo velocidade? A exatidão da mão esquerda não é consistente? Toque qualquer escala bem lentamente. Observe a mão esquerda! Force seus dedos a permanecer em prontidão sobre o braço. Quando não estão sendo usados, não os deixe se afastar demais das cordas. Concentre-se nisso!

Blues em G (Duo)

A parte da 1ª guitarra neste duo freqüentemente é tocada usando o "efeito abafado" (pizzicato). O som é produzido encostando a mão direita levemente na parte superior da ponte. Todas as cordas tocadas devem ser cobertas. Como isto inibe, de certa maneira, a palhetada, a peça deve ser praticada a fundo "solta", sem abafar, antes de proceder.

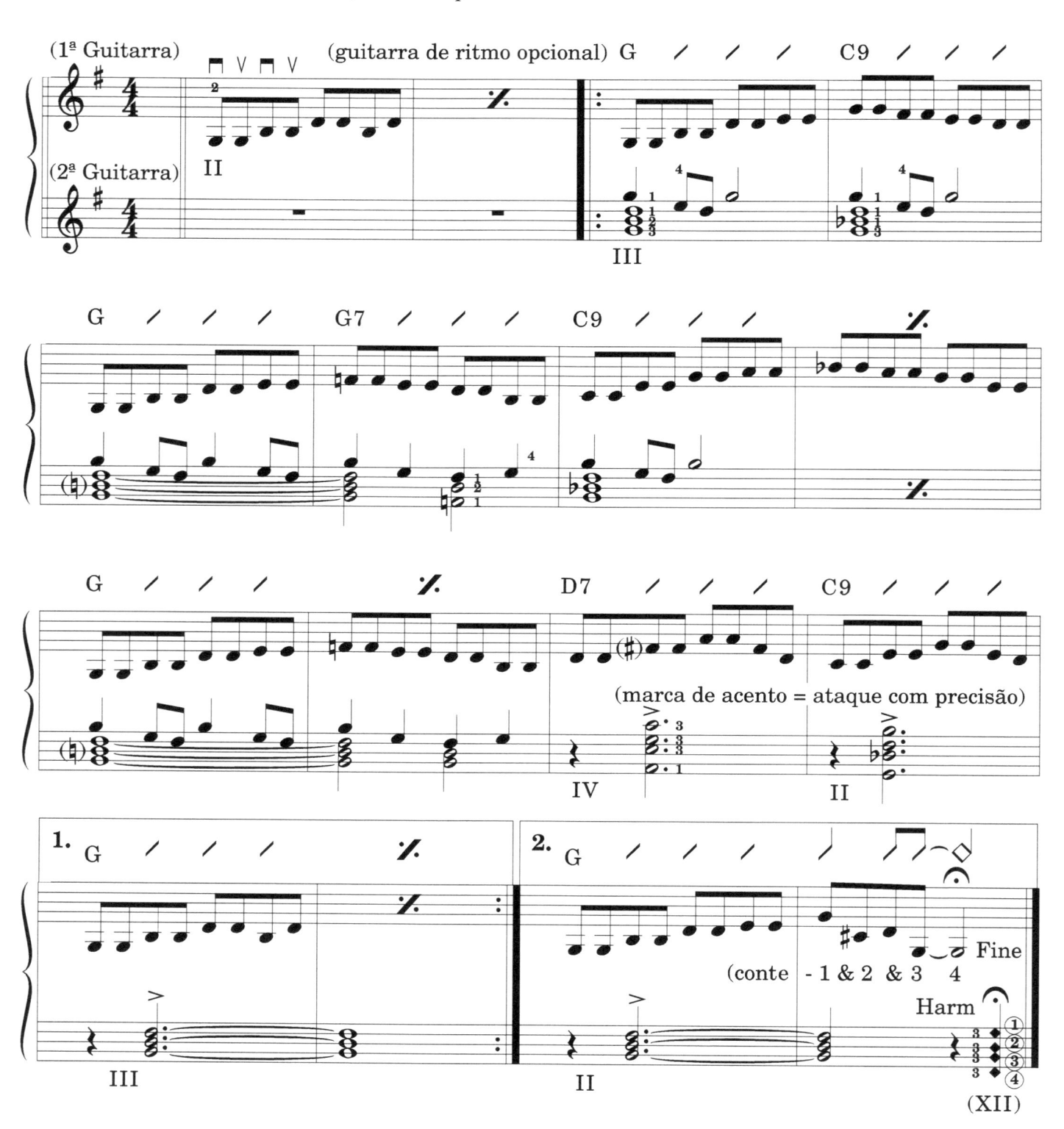

(marca de acento = ataque com precisão)

Para um senso de ritmo diferente, toque todas as colcheias utilizando a figura.

Estudo em Acordes Nº 3

Observe as marcas de posicionamento e digitação, elas propiciarão uma performance agradável.

Quando se passa de acorde a acorde, a melhor digitação é geralmente aquela que envolve o mínimo de movimento da mão esquerda. Deixar um dedo livre para possíveis adições melódicas é outro fator importante.

Acompanhamento (Ritmo) Técnica da Mão Direita

Memorize os símbolos a seguir:

- ⊓   Palhetada descendente;
- V   Palhetada ascendente.
- (ʼ)   Relaxe a pressão dos dedos da mão esquerda imediatamente após o som do acorde. Não os remova das cordas.
- ╳   Golpeie as cordas abafadas (os dedos em formação sobre as cordas, sem pressão).
- >   Acento. Atacar fortemente, com maior força.

Ritmo básico latino:
Serve para cha-cha-cha, beguine, samba e outros.

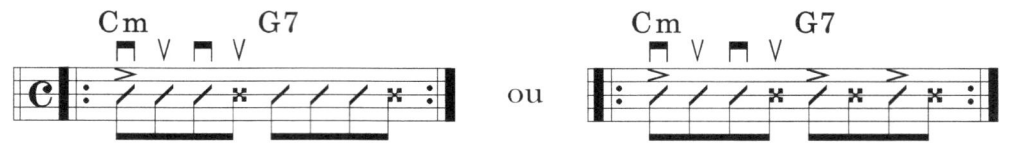

Estudo de Palhetada Nº 5

Mantenha todo o tempo o quarto dedo.

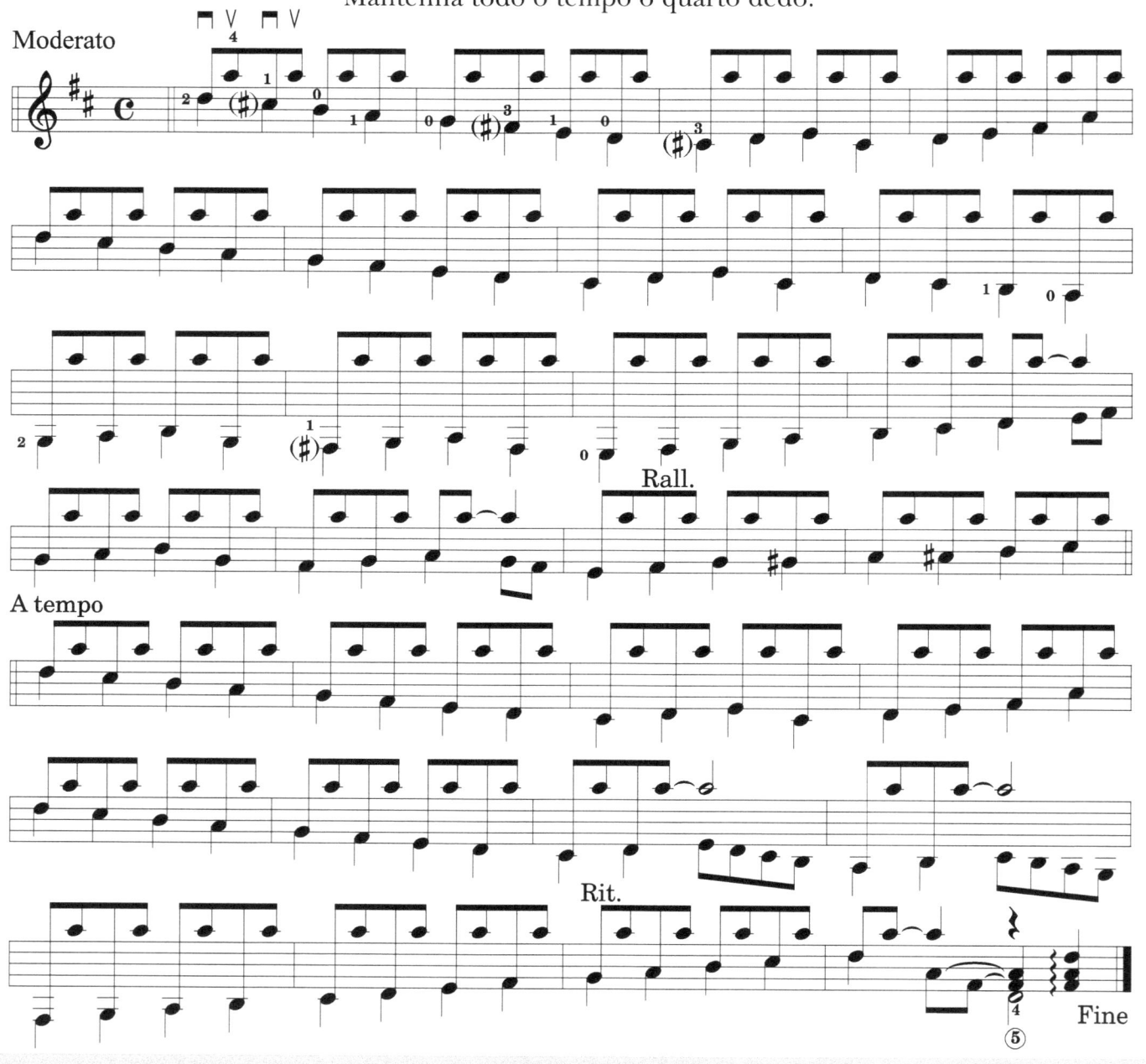

Moderato

Rall.

A tempo

Rit.

Fine

Revise! Revise!

Short and Sweet (Duo)

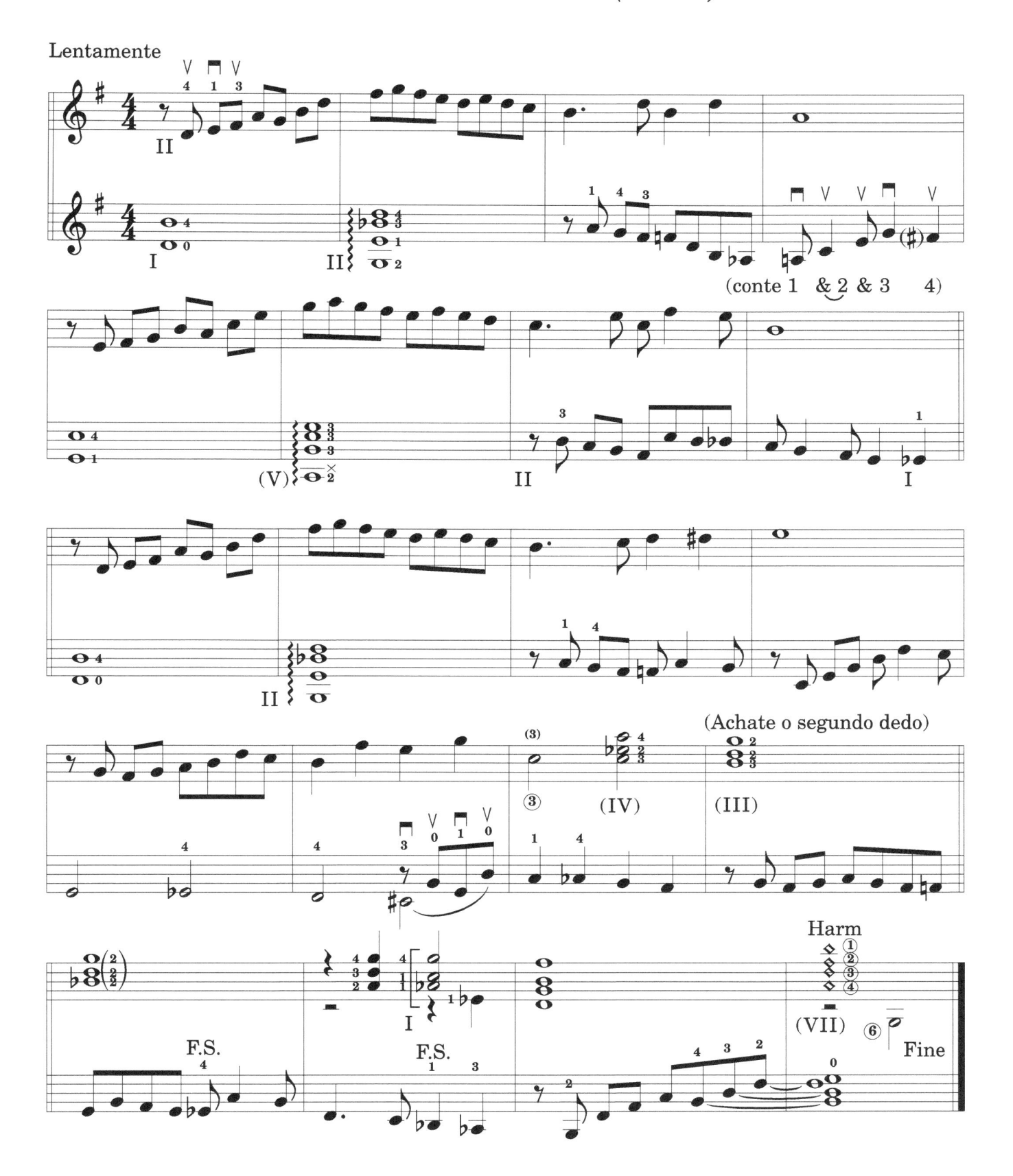

Escala de D Maior
(Digitação Tipo 3, segunda posição)

ESTUDO EM COLCHEIAS

ESTUDO DE ARPEJO

Pratique também com palheta alternada

Posições de acordes

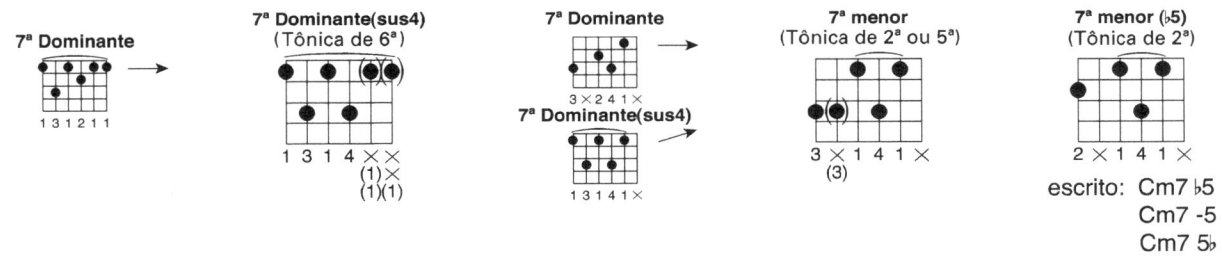

7ª Dominante

7ª Dominante(sus4) (Tônica de 6ª)

7ª Dominante
7ª Dominante(sus4)

7ª menor (Tônica de 2ª ou 5ª)

7ª menor (♭5) (Tônica de 2ª)
escrito: Cm7 ♭5
Cm7 -5
Cm7 5♭

■ **EXERCÍCIO**

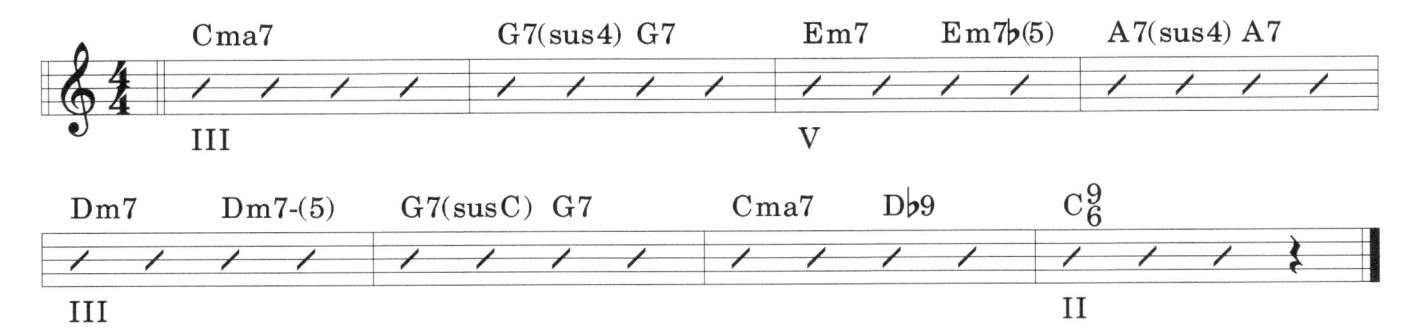

| Cma7 | G7(sus4) G7 | Em7 Em7♭(5) | A7(sus4) A7 |
| III | | V | |

| Dm7 Dm7-(5) | G7(susC) G7 | Cma7 D♭9 | C⁹⁄₆ |
| III | | | II |

O sus-4 refere-se ao 4º grau da escala assim chamada. O nome da nota (para a 4a) é também usado, por exemplo, G7susC. Sus4 também pode ser chamado de 11 (natural). A tônica encontra-se na mesma linha que a forma do sus4. Por exemplo, no exercício acima pode-se usar como substituto os símbolos "G11" e "A11" para sus4.

Estudo Melódico e Rítmico Nº 1
Duo opcional com a Guitarra de Acompanhamento

Conte o pulso até que você consiga "sentir" a frase. Eventualmente, você será capaz de reconhecer (e sentir) grupos inteiros de notas sincopadas. No início, você deve palhetar em descida, para as notas que caem no tempo, e na ascendente para as notas contadas no "e". Isto é uma ajuda certa para aprender a ler os ritmos. Mais adiante, quando ritmos sincopados não são mais tratados como problemas, você vai variar a palhetada com o propósito de frasear e acentuar.

❋ Guitarra de Acompanhamento - Use ritmo latino.

❋ Guitarra de acompanhamento ⌐⌐⌐⌐ ⌐⌐⌐⌐ ou ⌐⌐⌐⌐ ⌐⌐⌐⌐. Não esqueça das substituições possíveis na 7ª dominante e acordes maiores.

Estudo em Acordes Nº 4

Todas as notas devem ser mantidas em seu valor inteiro.

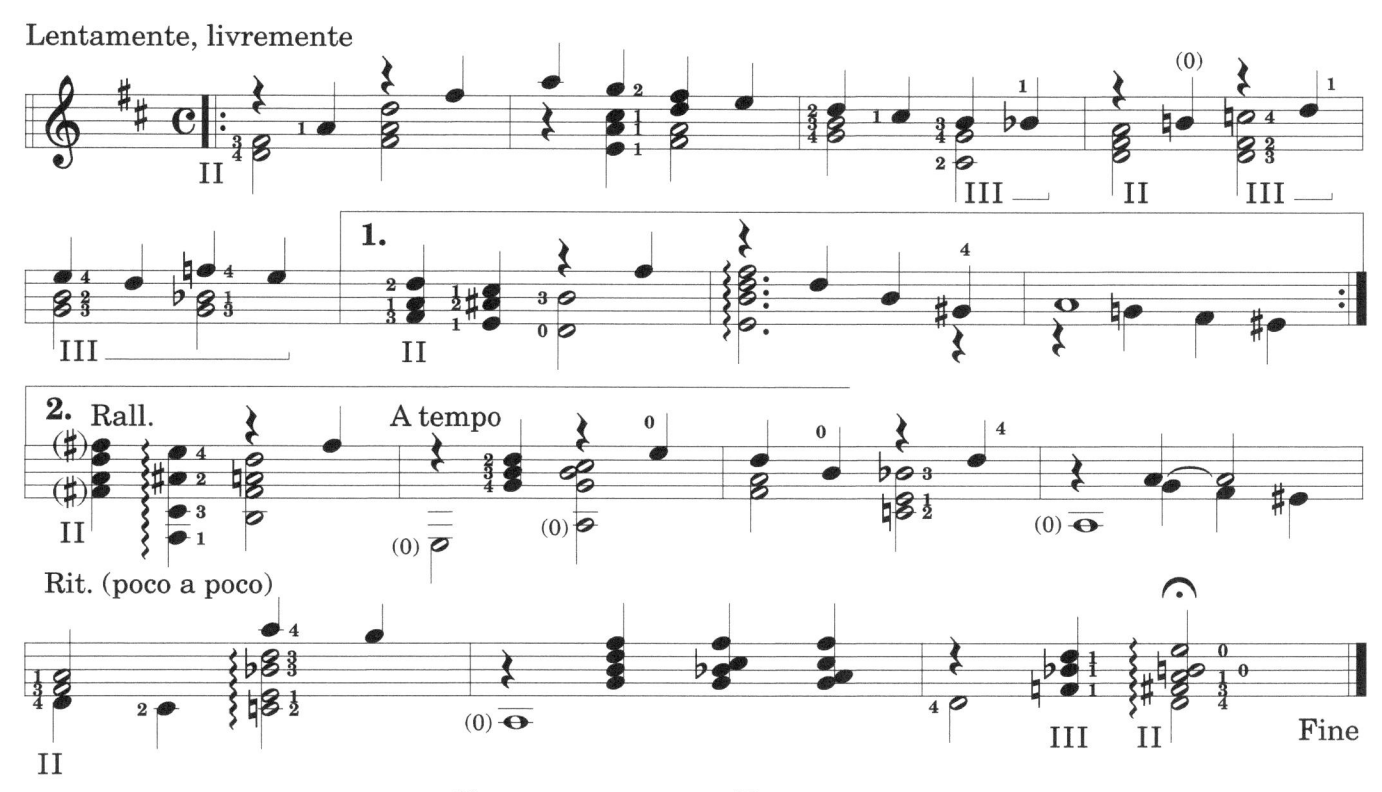

Staccato, Legato

Um ponto (.) acima ou abaixo da nota significa staccato ou curta.

Uma linha (–) acima ou abaixo da nota significa legato ou longa.

Estudos de Leitura
Somente leitura.

D MAIOR 1 (DIGITAÇÃO TIPO 3)

D MAIOR 2 (DIGITAÇÃO TIPO 3)

Ler música é uma combinação de reconhecimento imediato de nota (e dedo) e de tocar o "som" que você "vê" na música (juntamente com a relativa duração das notas, naturalmente). Tente isto: toque o acorde da Tônica destes estudos de leitura para levar seu ouvido à tonalidade correta. Então, tente cantarolar a música enquanto a toca. Se seus dedos percorreram um tipo de digitação muitas vezes, eles automaticamente tocarão as notas (padrões de notas) que você mentalmente "ouve" na partitura. Isto vai demorar muito para ser dominado, mas persista. Vale a pena!

Dee-Oo-Ett (Duo)

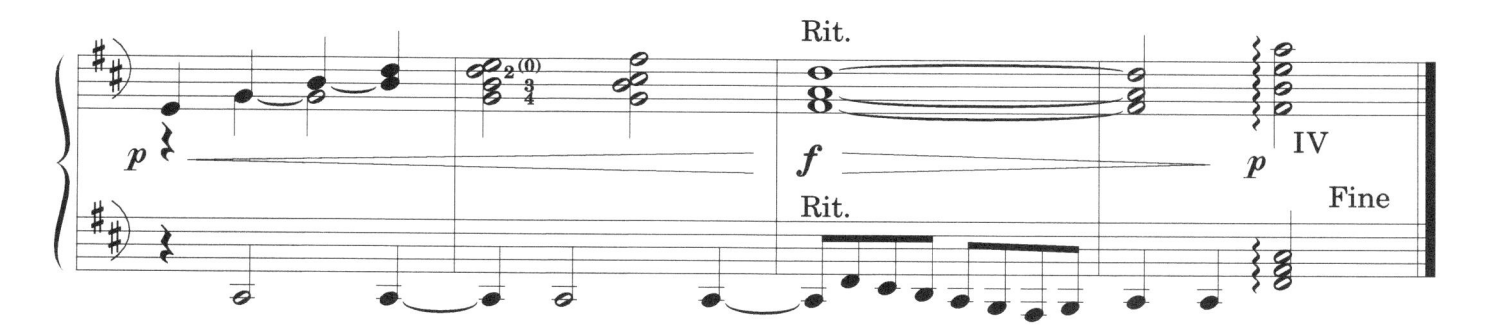

Posições de Acorde

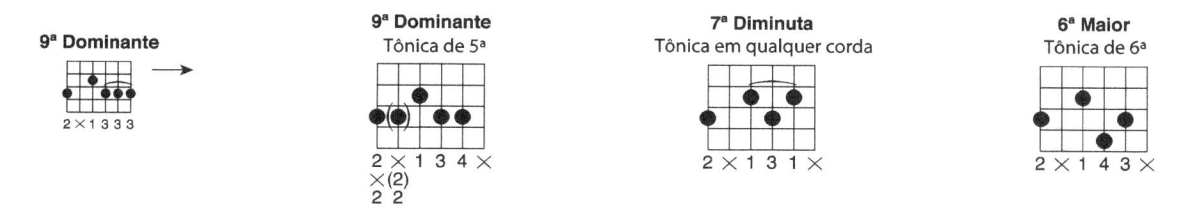

9ª Dominante

9ª Dominante
Tônica de 5ª

7ª Diminuta
Tônica em qualquer corda

6ª Maior
Tônica de 6ª

■ **EXERCÍCIO**

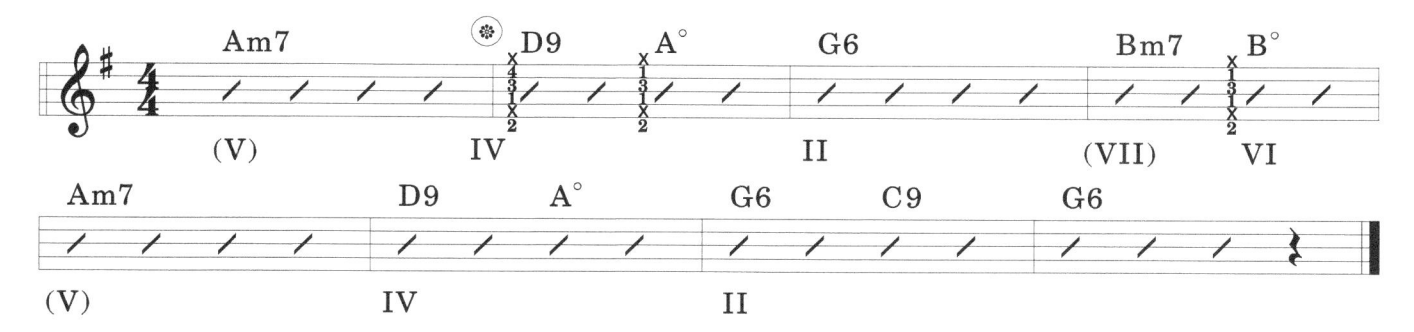

| Am7 | D9 | A° | G6 | Bm7 | B° |
(V) | IV | II | (VII) | VI |

| Am7 | D9 | A° | G6 | C9 | G6 |
(V) | IV | II |

❋ A digitação será dada tal como mostra aqui todas as vezes que duas formas são possíveis na mesma posição (e também como lembrete ocasional).

(7ª Maior)

6ª menor
(Tônica na 2ª)

9ª Dominante

7ª Dominante (+5)
(Tônica na 6ª)

■ **EXERCÍCIO**

▍ Ritmo latino - lembre-se que você não deve pressionar onde indicado com (✗).

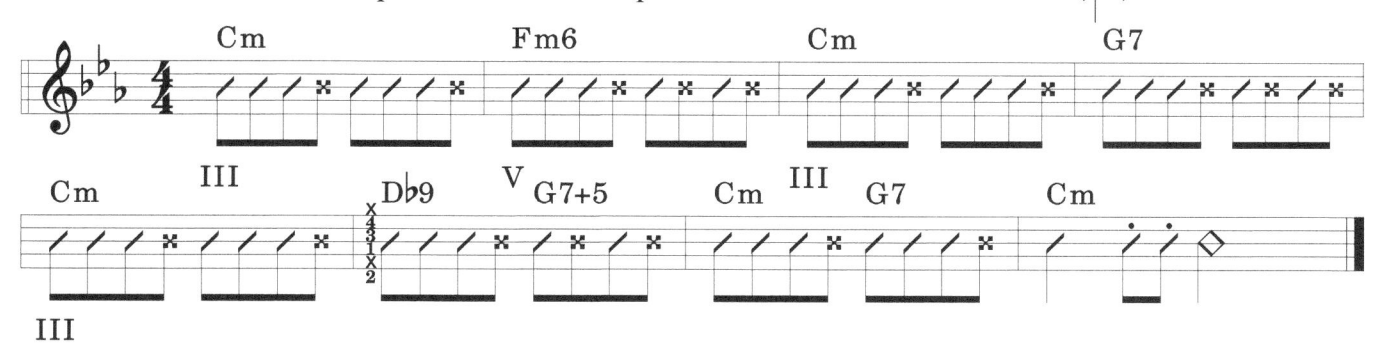

| Cm | Fm6 | Cm | G7 |
| Cm III | D♭9 V G7+5 | Cm III G7 | Cm |
III

▍ A posição 6ª menor mostrada acima também pode ser chamada 7a menor (♭5) (Tônica na 5a corda).

97

Estudo de Velocidade - Digitação Tipo 2

Mantenha o tempo uniforme. Não ultrapasse a velocidade permitida pela perfeita coordenação de ambas as mãos. A velocidade aumentará paulatinamente.

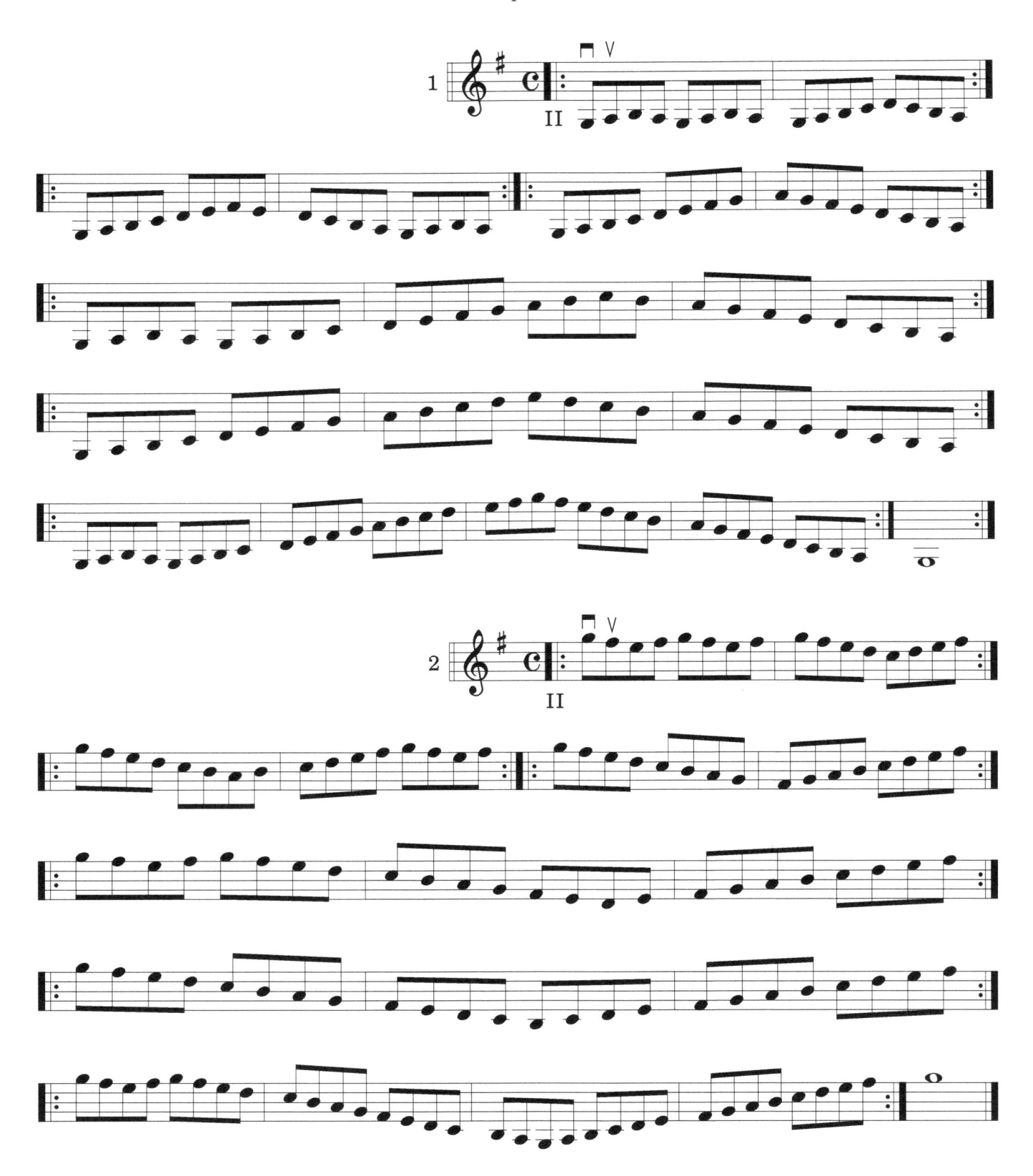

Estudo de Velocidade - Digitação Tipo 3

Pratique todos os exercícios de velocidade conforme foram escritos e no ritmo ♩♪. Também toque com e sem repetições.

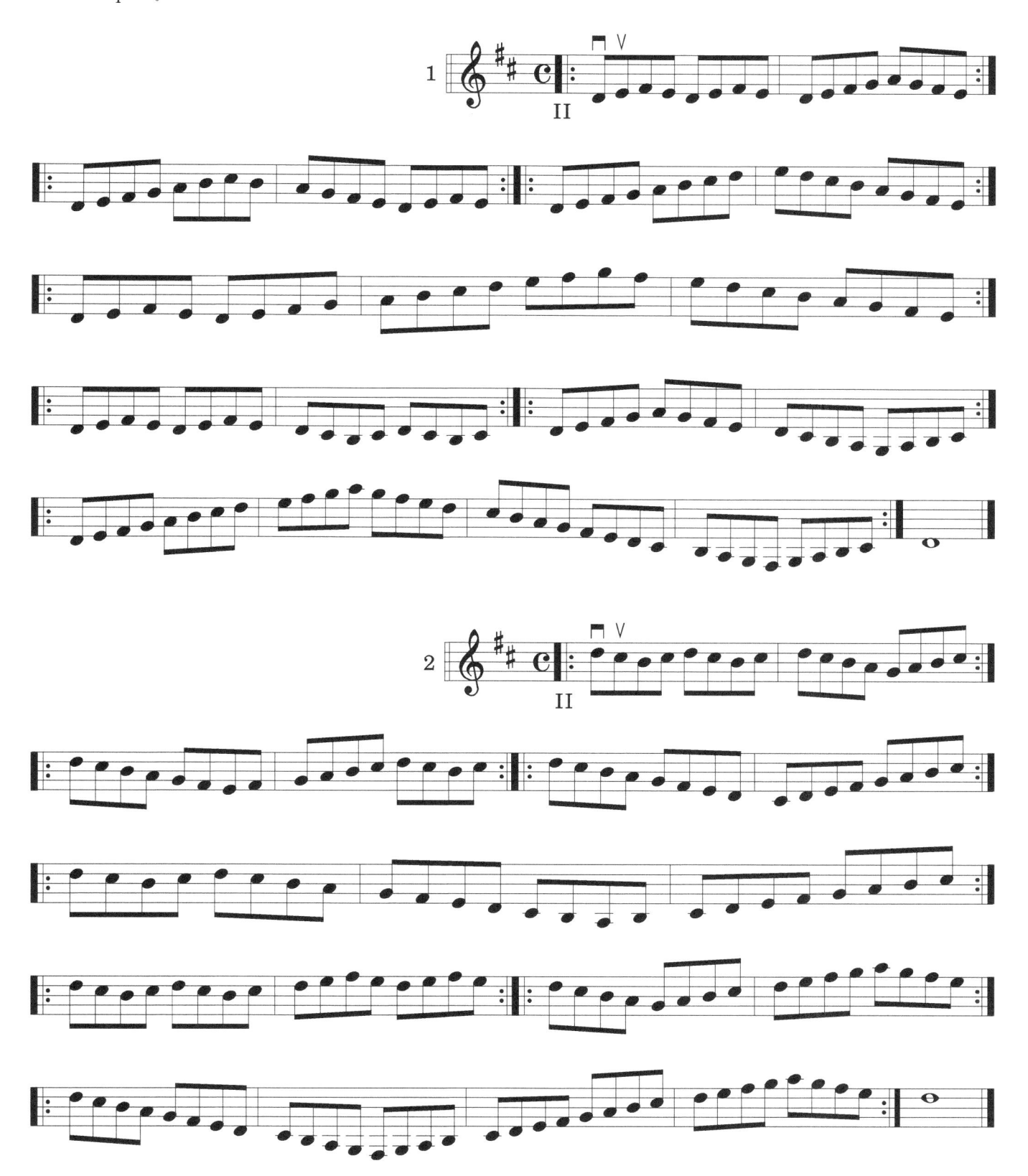

Para outras frases e para melhorar técnica, vide p. 46.

Escala de A Maior
(Digitação Tipo 4, segunda posição)

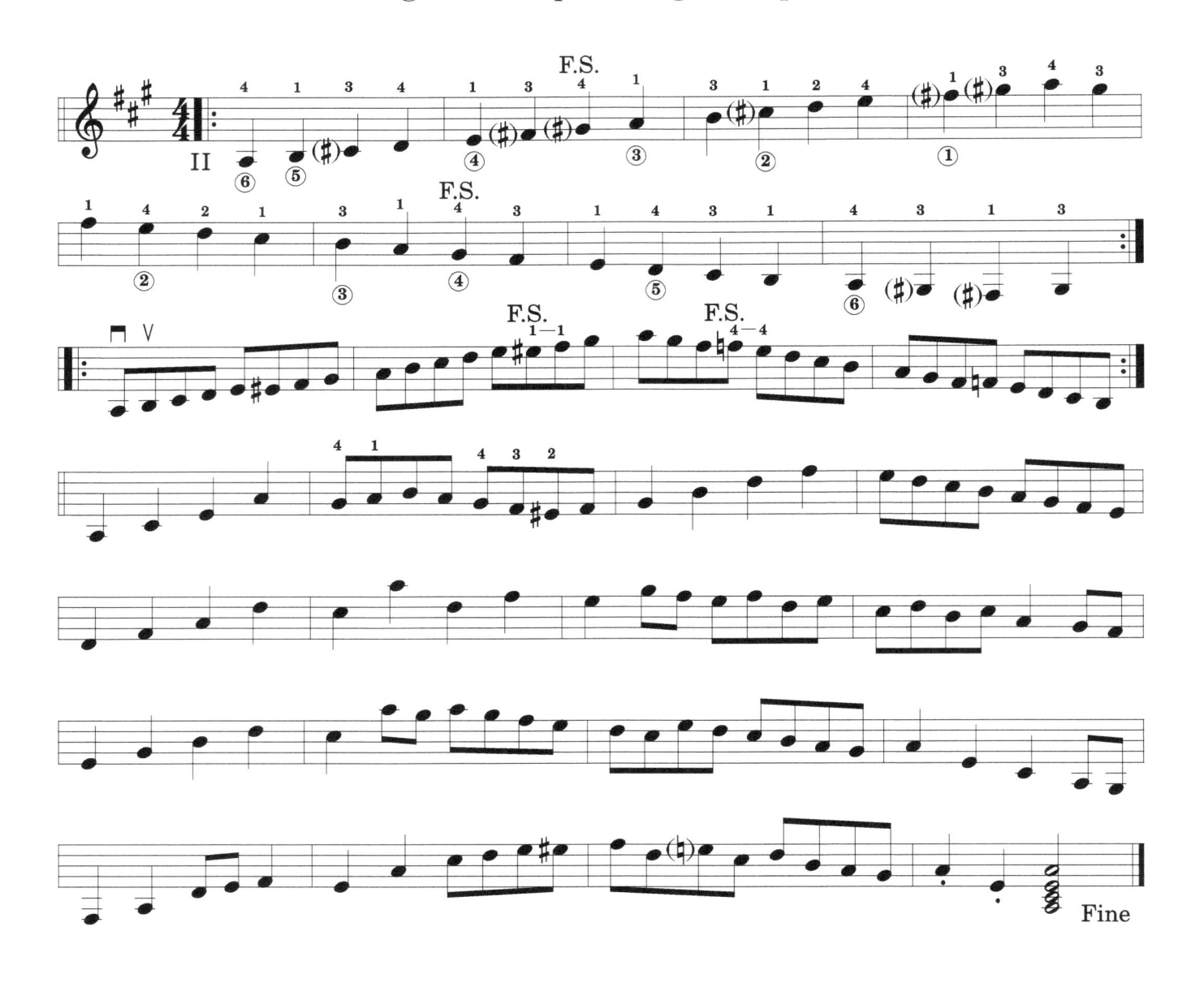

ESTUDO DE COLCHEIAS

Bequadro: a nota voltou a F♯ como na indicação de tonalidade inicial.

Duplo sustenido eleva a nota um tom (duas casas).

ESTUDO DE ARPEJO

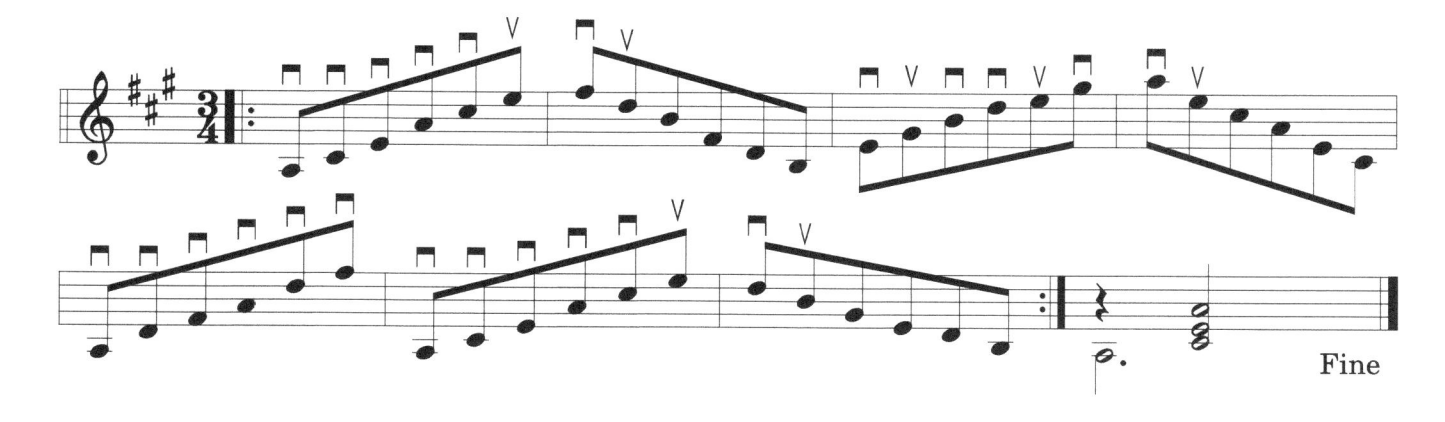

Pratique também os arpejos com palheta alternada

Estudo em Acordes Nº 5

Estudos de Leitura

Apenas leia.

A MAIOR 1 (DIGITAÇÃO TIPO 4)

A MAIOR 2 (DIGITAÇÃO TIPO 4)

A MAIOR 3 (DIGITAÇÃO TIPO 4)

Tres Sharp (Duo)

Moderato

Fine

Estudo em Semicolcheias

Conte cuidadosamente. Vide p. 31.

conte 1 a e ah 2 a e ah

1 a e ah 2 a e ah 3 a e ah

Fine

Posições de Acordes

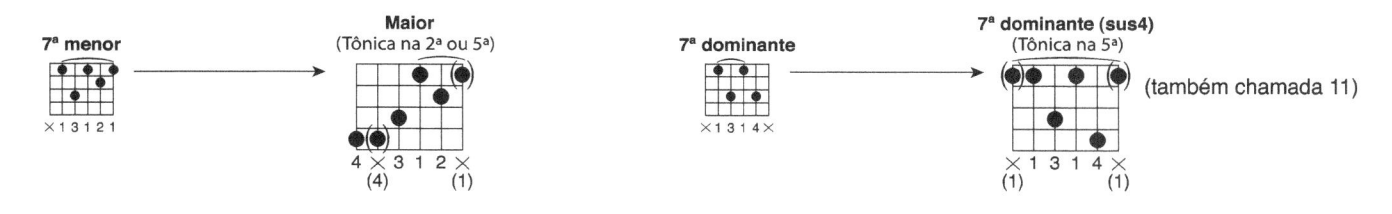

7ª menor → **Maior** (Tônica na 2ª ou 5ª)

7ª dominante → **7ª dominante (sus4)** (Tônica na 5ª) (também chamada 11)

■ **EXERCÍCIO**

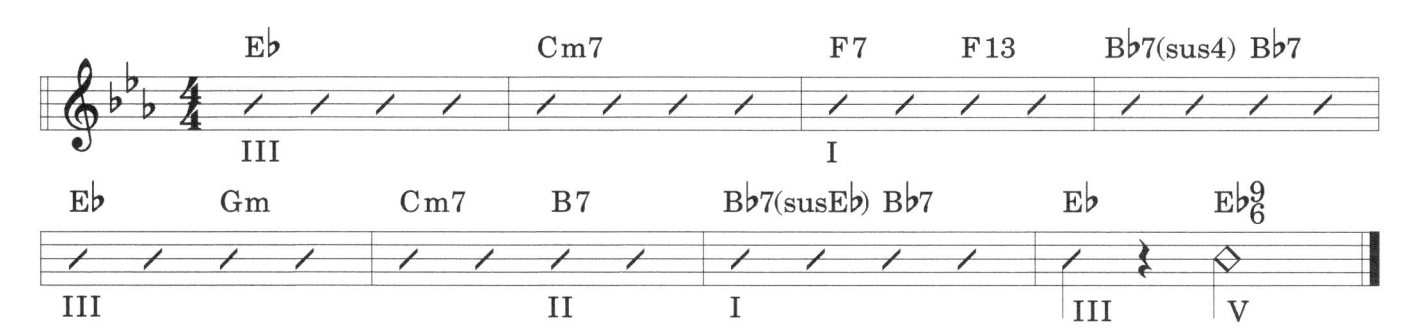

Estudo de Velocidade - Digitação Tipo 4, 2ª posição

▌ Como antes, mantenha um tempo uniforme. Toque conforme escrito e no ritmo ♩♪. Também toque com e sem repetições.

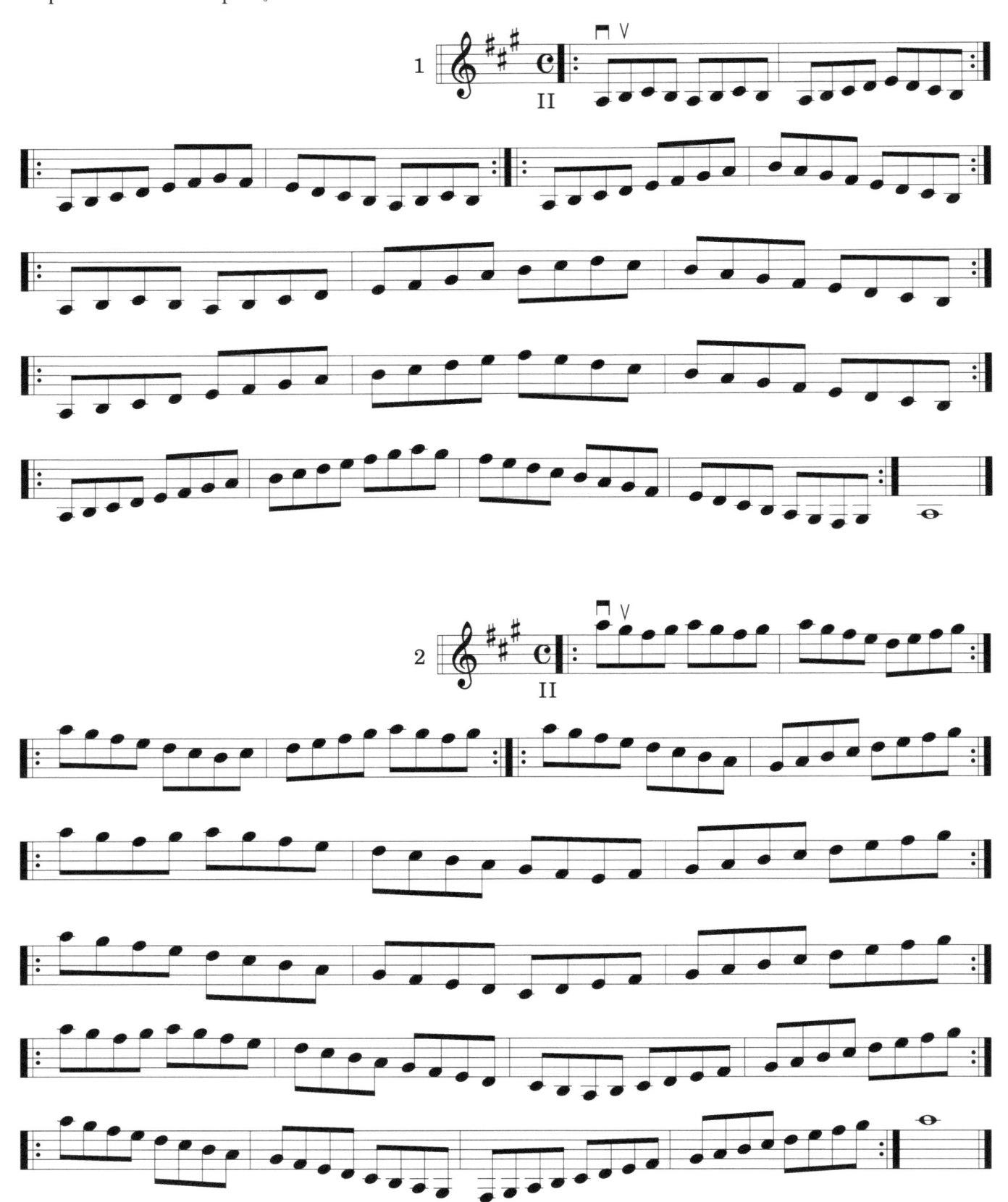

Para outros desenhos e para melhorar técnica, vide p. 46.

Posições de Acordes

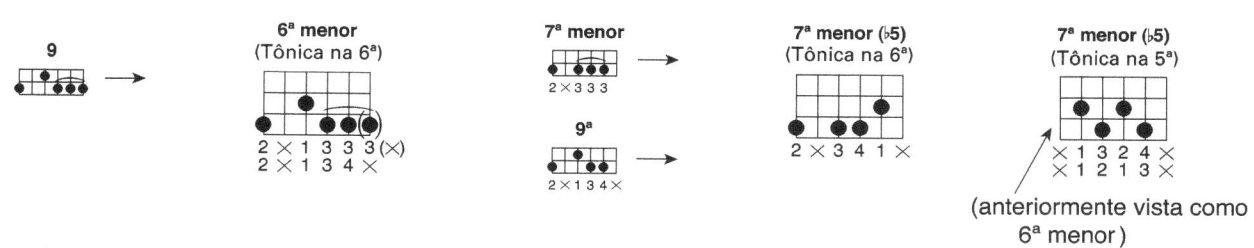

EXERCÍCIO 1

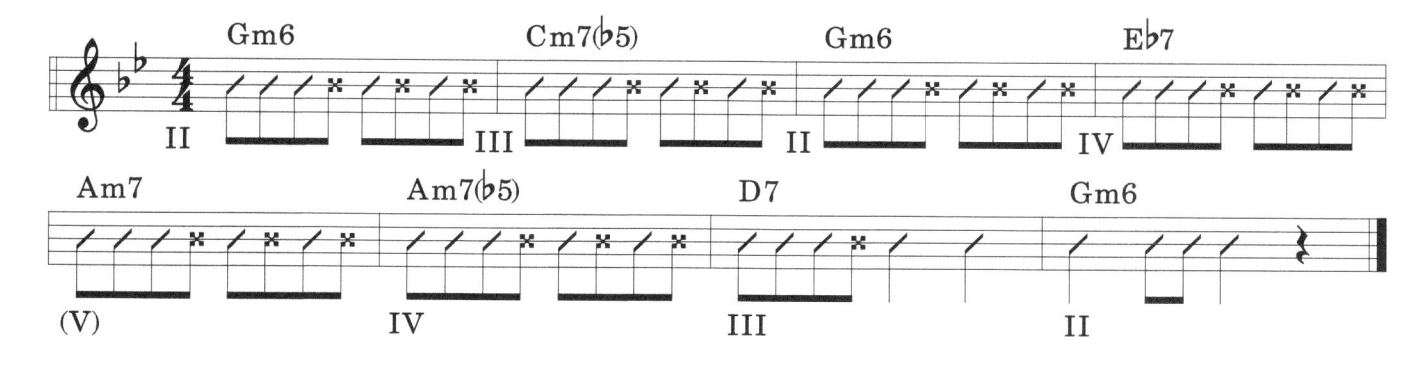

(Gm6 — Cm7(b5) — Gm6 — Eb7 — Am7 — Am7(b5) — D7 — Gm6)

II — III — II — IV — (V) — IV — III — II

Como as posições de acorde 6a menor e 7a menor (b5) podem ser confusas, estude os exercícios a seguir, prestando atenção cuidadosa à marcação de posicionamento. Toque o ritmo em quatro (tal qual escrito) e também pratique usando um ritmo latino. Experimente com pontos variados de "pressão relaxada" para diversificar os acentos.

EXERCÍCIO 2

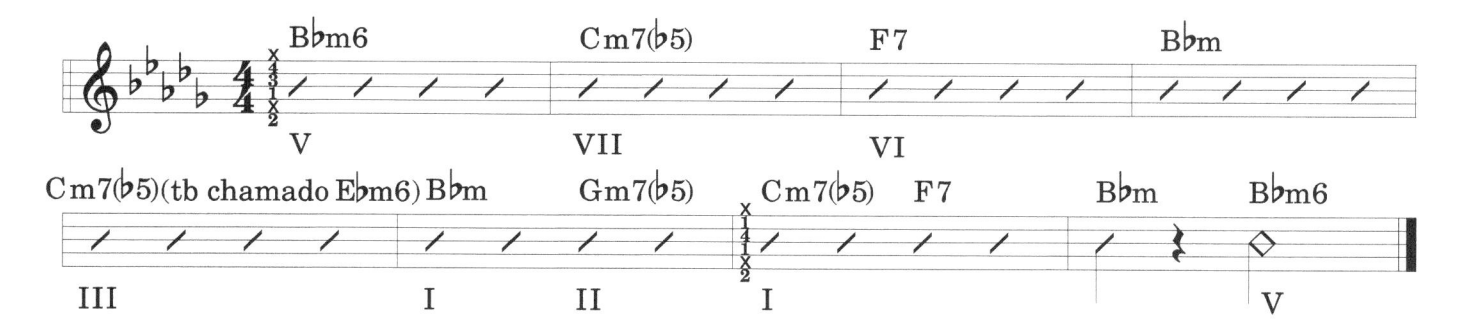

(Bbm6 — Cm7(b5) — F7 — Bbm — Cm7(b5)(tb chamado Ebm6) Bbm — Gm7(b5) — Cm7(b5) F7 — Bbm — Bbm6)

V — VII — VI — III — I — II — I — V

EXERCÍCIO 3

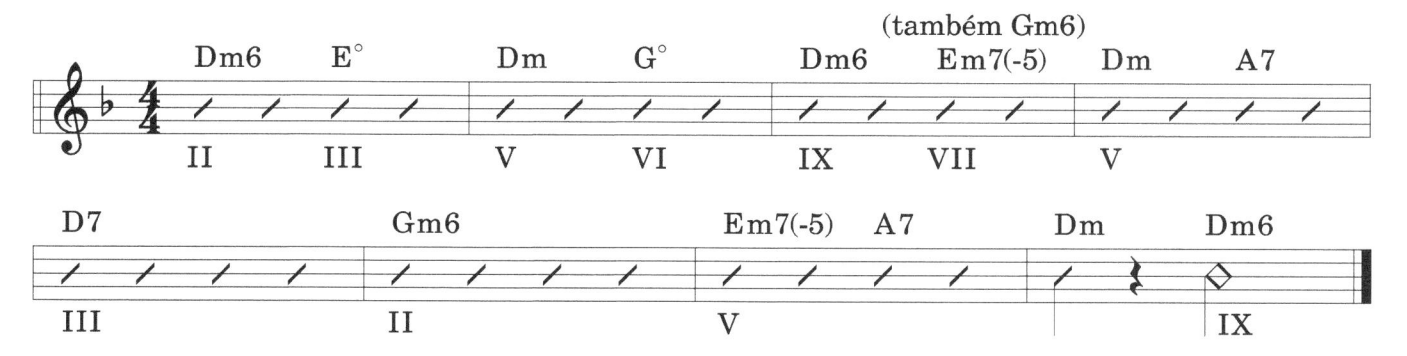

(Dm6 E° — Dm G° — Dm6 Em7(-5) — Dm A7 — D7 — Gm6 — Em7(-5) A7 — Dm — Dm6)

II III — V VI — IX VII — V — III — II — V — IX

Transponha, escreva e pratique todos os exercícios de ritmo numa ou mais tonalidades mais altas.

Revisão da Segunda Posição

Usando as cinco escalas maiores na posição que precedem.

Quando tocado como *duo*:
- Guitarra melódica toca tal qual escrito; guitarra de acompanhamento toca ritmo latino.
- Guitarra melódica toca colcheias consecutivas como ♩♪; guitarra de acompanhamento toca quatro pulsos.

DIGITAÇÃO TIPO 1

TIPO 1A

(mantenha três tempos)
E♭9
D9
(mantenha quatro tempos)
Gm7 C7 F Am7
TIPO 2
G Am7 D9 G G+ C Bm7 E7 Am7 D7
Bm7 B♭° Am7 E7 Am7 D7 G G+
C C♯° G Em7 Am D7 G G7
C Cm(6) Bm7 Em7 Am7 D7 G
Em7 A7+5
TIPO 3
D Bm7 Em7 (sus4) A7 A7
D Bm7 E9 A7 Em7 A7 F♯m7 B7
D(M7) C♯m7
Em7 A7(13) A7 F♯7 Bm7 E7
TIPO 4
A(6) B♭° Bm7 E9 A(M7) F♯m7 Bm7 E7
A A+ D Dm(6) C♯m7 F♯m7 B7 E7 A
Rit.
Fine

Posições de Acordes

EXERCÍCIO 1

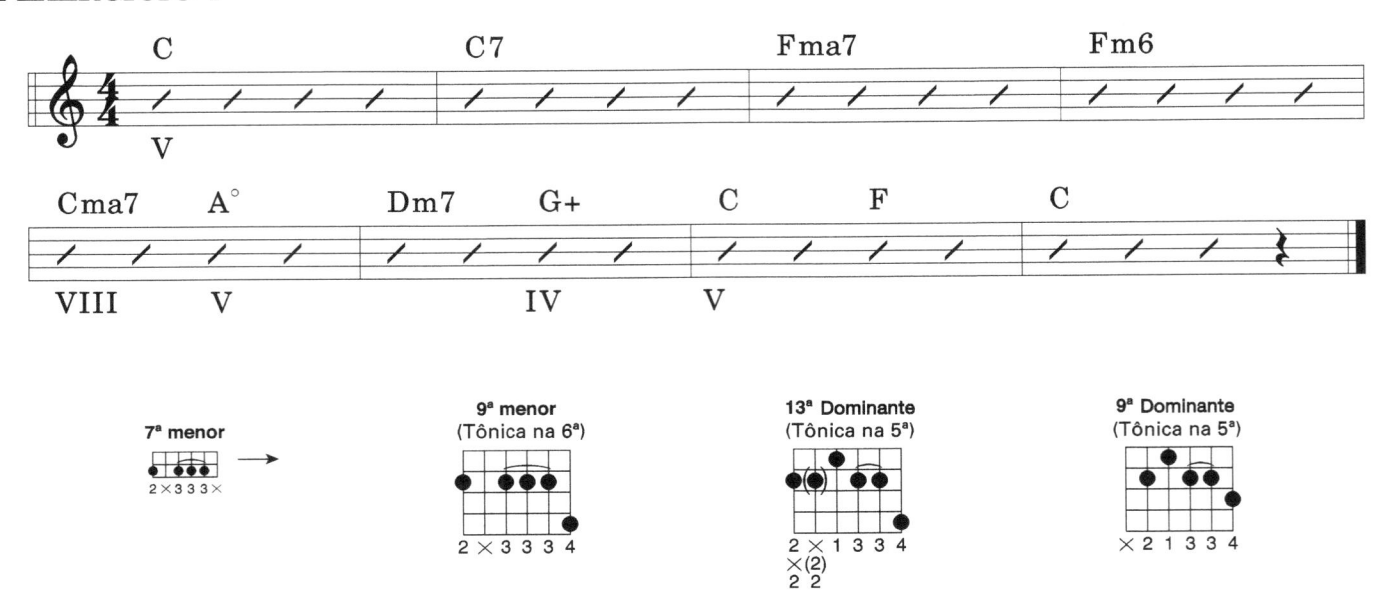

| C | C7 | Fma7 | Fm6 |
| V | | | |

| Cma7 | A° | Dm7 | G+ | C | F | C |
| VIII | V | IV | V | | | |

EXERCÍCIO 2

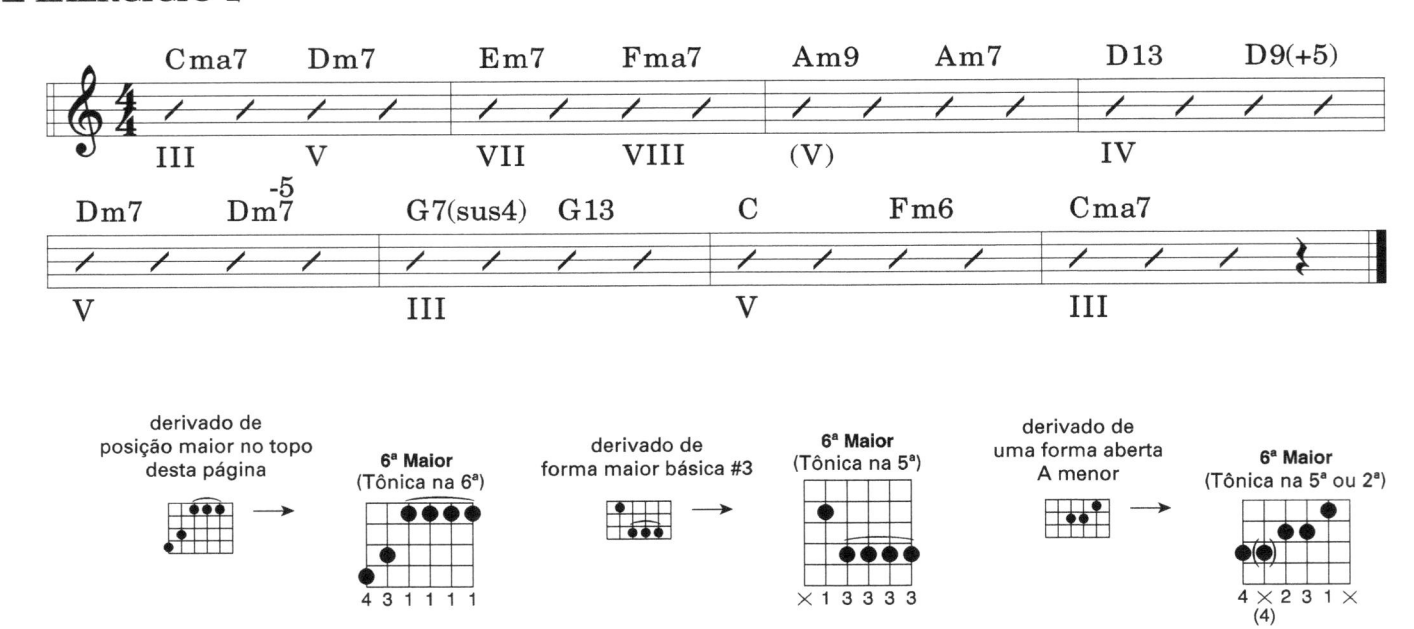

| Cma7 | Dm7 | Em7 | Fma7 | Am9 | Am7 | D13 | D9(+5) |
| III | V | VII | VIII | (V) | | IV | |

| Dm7 | Dm7(-5) | G7(sus4) | G13 | C | Fm6 | Cma7 |
| V | | III | | V | | III |

A terceira posição 6ª Maior é, de longe, a mais valiosa, já que não usa a primeira corda, tendo, por isso, um som rítmico melhor.

Tercinas de Semínimas

Tercinas de semínimas são muito difíceis de executar. O enfoque mais prático é "senti-las". Isto se consegue (veja abaixo) tocando dois conjuntos de tercinas de colcheias usando palhetada alternada e depois duas vezes o mesmo, mas intencionalmente errando a corda na ascendente.

Tempo lento uniforme — **Não toque a ascendente**

Marque o ritmo com o pé. Continue até "sentir" o ritmo.

Agora, você é capaz de ler e tocar em cinco tonalidades principais na segunda posição. Na verdade, você agora pode tocar em cinco tonalidades maiores, em qualquer posição, usando essas digitações (tipos 1, 1a, 2, 3, 4) nos trastes superiores.

Exemplo: Posição II tonalidades maiores C, F, G, D, A.

Posição III C#/Db, F#/Gb, Ab, Eb, Bb.

Naturalmente, você pode não ser ainda capaz de ler nessas posições mais altas, não tendo ainda visto as notas que correspondem a esses desenhos de digitações em área alguma do braço, a não ser na segunda posição.

As páginas seguintes mostram as tonalidades mais usadas na terceira posição, primeira posição (digitação fechada, sem cordas soltas) e quarta posição. Você poderá concentrar mais nas notas, já que, nessa altura, seus dedos já devem conhecer os desenhos.

Escalas Maiores na Terceira Posição
(Mais Usadas)

B BEMOL MAIOR (DIGITAÇÃO TIPO 4)

E BEMOL MAIOR (DIGITAÇÃO TIPO 3)

Fine

A BEMOL MAIOR (DIGITAÇÃO TIPO 2)

D BEMOL MAIOR (DIGITAÇÃO TIPO 1)

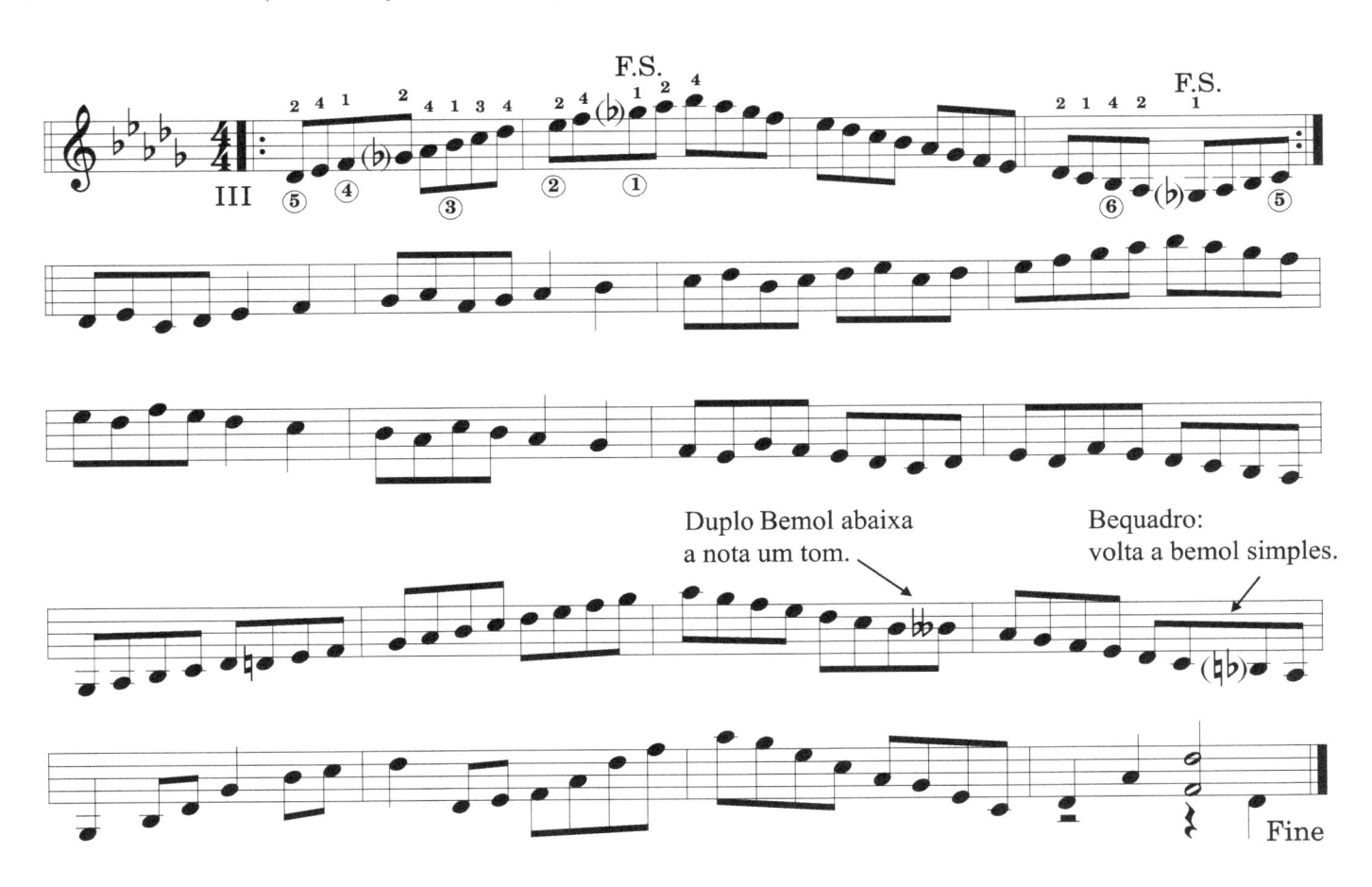

Duplo Bemol abaixa a nota um tom.

Bequadro: volta a bemol simples.

Revisão da Terceira Posição
Duo Opcional com a Guitarra Rítmica

Utilizando as quatro escalas maiores antecedentes na posição III.

- Quando tocado como *duo*:
  - Guitarra melódica toca tal qual escrito; guitarra de acompanhamento toca ritmo latino.
  - Guitarra melódica toca colcheias consecutivas como ♩₃♪ ; guitarra de ritmo toca quatro pulsos.

TIPO 4

TIPO 2

TIPO 1

Posições de Acordes

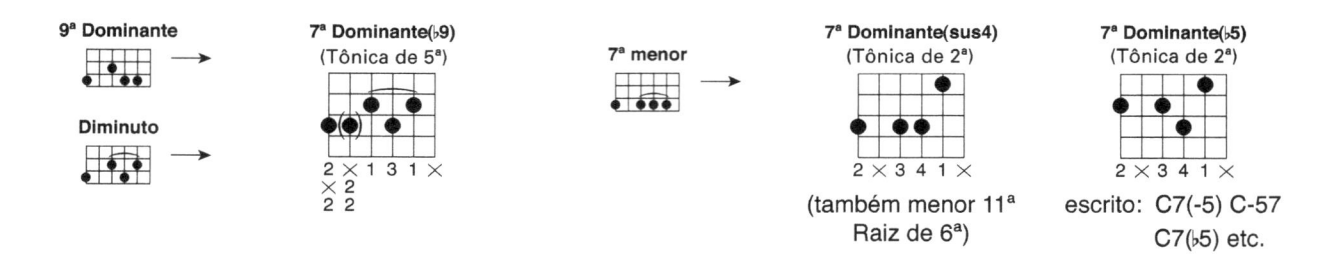

9ª Dominante → **7ª Dominante(♭9)** (Tônica de 5ª)

Diminuto →

7ª menor → **7ª Dominante(sus4)** (Tônica de 2ª)
(também menor 11ª Raiz de 6ª)

7ª Dominante(♭5) (Tônica de 2ª)
escrito: C7(-5) C-57 C7(♭5) etc.

■ EXERCÍCIO 1

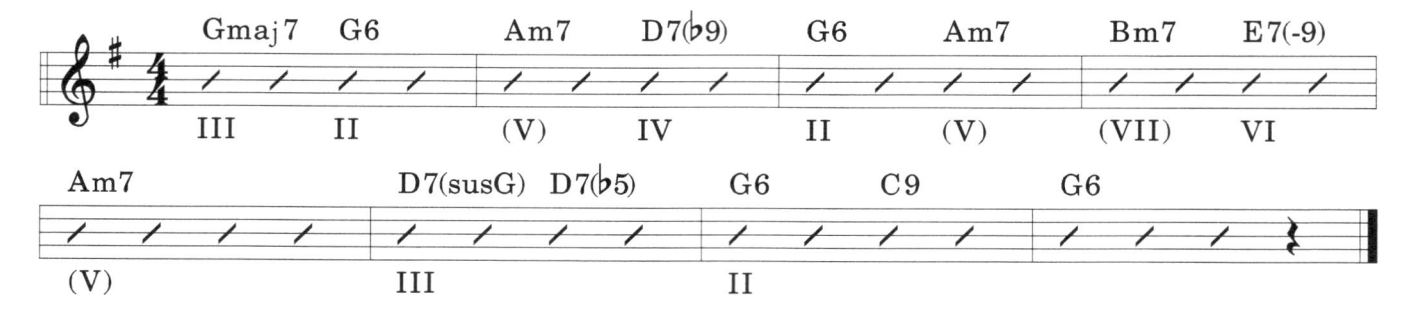

| Gmaj7 G6 | Am7 D7(♭9) | G6 Am7 | Bm7 E7(-9) |
| III   II | (V)   IV | II (V) | (VII) VI |

| Am7 | D7(susG) D7(♭5) | G6 C9 | G6 |
| (V) | III | II | |

(As formas do 7(♭5) dominante mostradas acima também podem ser nomeadas a partir da 6ª corda)

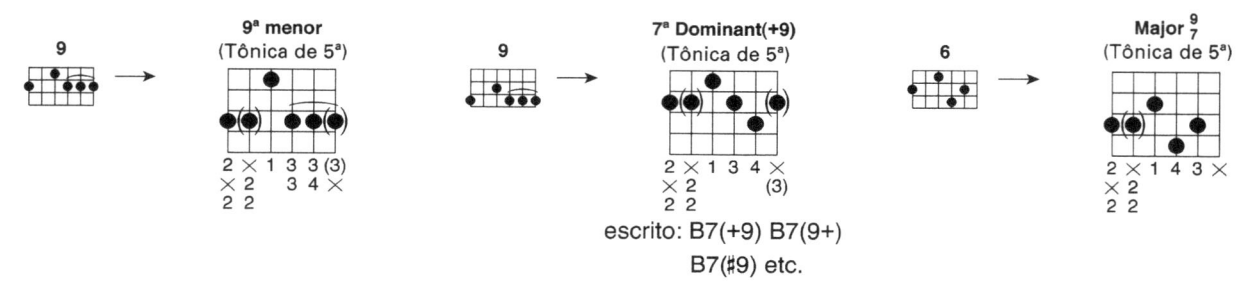

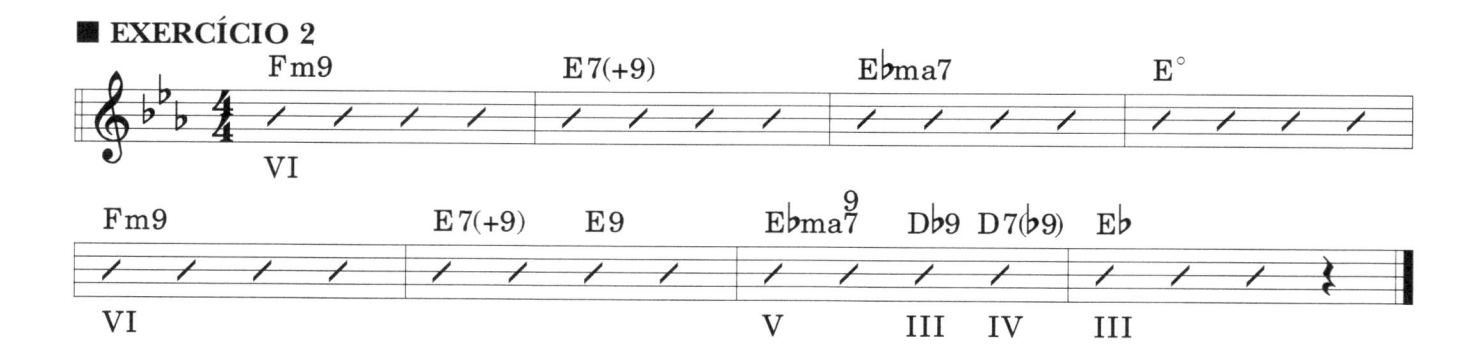

9 → **9ª menor** (Tônica de 5ª)

9 → **7ª Dominant(+9)** (Tônica de 5ª)
escrito: B7(+9) B7(9+) B7(♯9) etc.

6 → **Major 9/7** (Tônica de 5ª)

■ EXERCÍCIO 2

| Fm9 | E7(+9) | E♭ma7 | E° |
| VI | | | |

| Fm9 | E7(+9) E9 | E♭ma7⁹ D♭9 D7(♭9) | E♭ |
| VI | | V   III   IV | III |

O acorde E7(+9) usado acima será chamado: E7(♯9) ou E7. Essa referência explícita ao grau alterado é importante.

Escalas Maiores na Primeira Posição
(As Mais Usadas)
Sem cordas soltas.

A BEMOL MAIOR (DIGITAÇÃO TIPO 4)

D BEMOL MAIOR (DIGITAÇÃO TIPO 3)

Revisão da Primeira Posição
Duo Opcional com a Guitarra de Acompanhamento
Usando as duas escalas maiores anteriores na posição 1.

A guitarra melódica toca colcheias consecutivas conforme escrito e no ritmo ♩♪. A guitarra de acompanhamento toca no tempo de valsa para ambos os tipos de ritmos de colcheias.

Escalas Maiores na Quarta Posição
(As Mais Usadas)

G MAIOR (DIGITAÇÃO TIPO 1A)

D MAIOR (DIGITAÇÃO TIPO 1)

A MAIOR (DIGITAÇÃO TIPO 2)

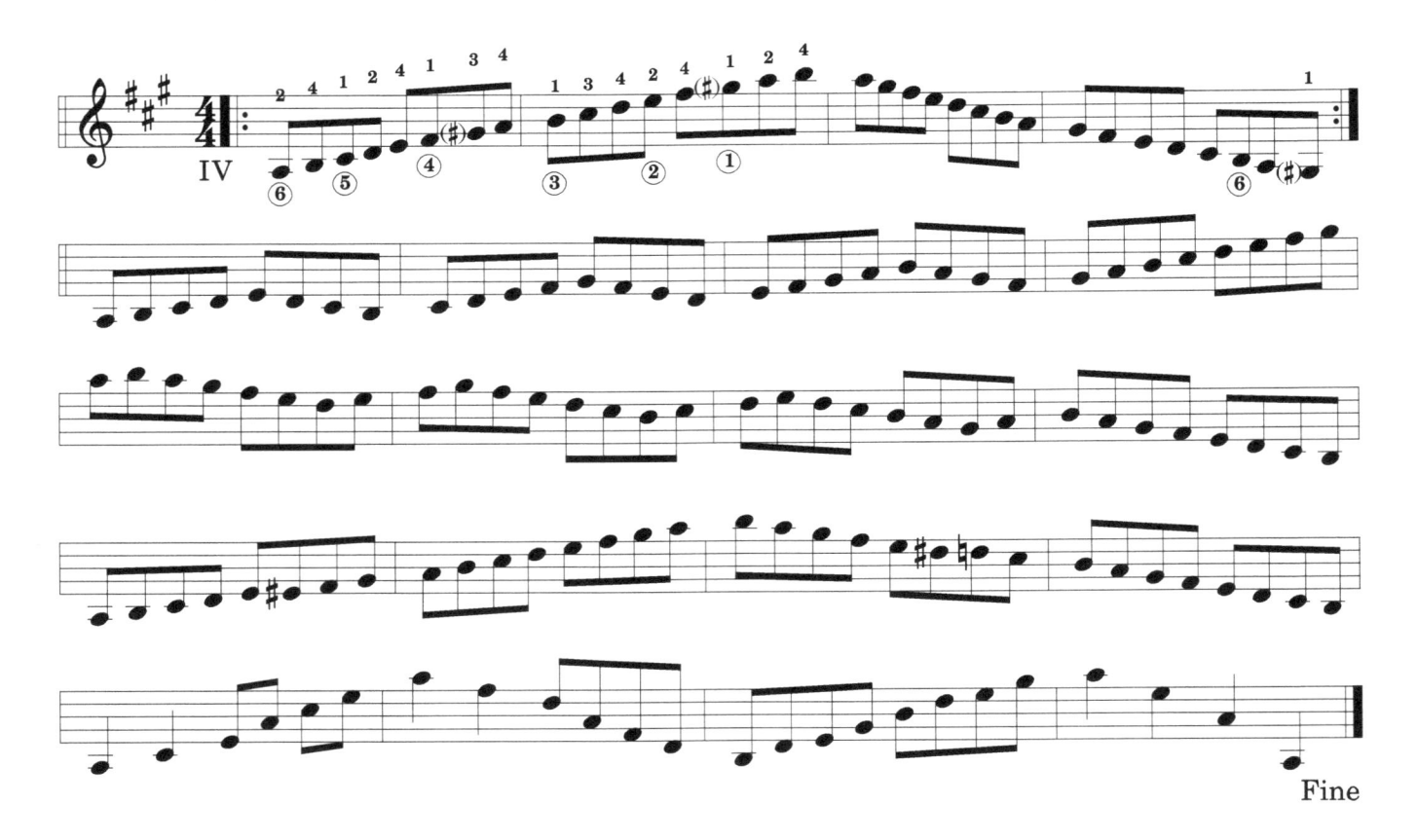

E MAIOR (DIGITAÇÃO TIPO 3)

P Posições de Acordes

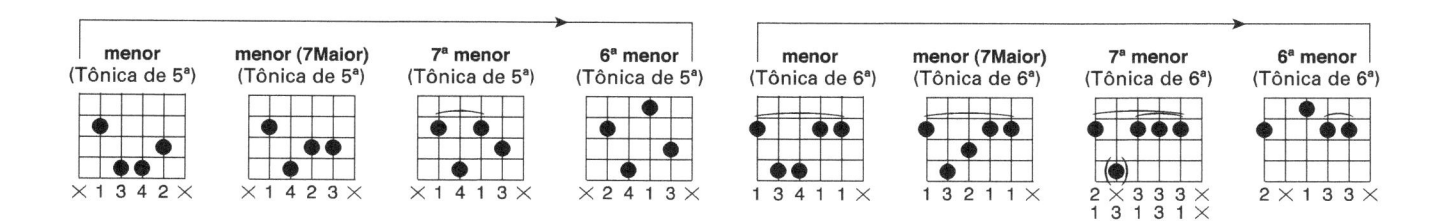

| menor (Tônica de 5ª) | menor (7Maior) (Tônica de 5ª) | 7ª menor (Tônica de 5ª) | 6ª menor (Tônica de 5ª) | menor (Tônica de 6ª) | menor (7Maior) (Tônica de 6ª) | 7ª menor (Tônica de 6ª) | 6ª menor (Tônica de 6ª) |

■ **EXERCÍCIO 1**

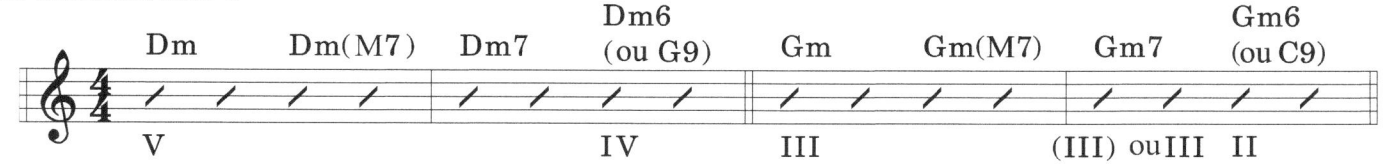

| Dm | Dm(M7) | Dm7 | Dm6 (ou G9) | Gm | Gm(M7) | Gm7 | Gm6 (ou C9) |
| V | | IV | | III| | (III) ou III | II |

Essas mesmas seqüências de acordes freqüentemente são encontradas escritas assim:

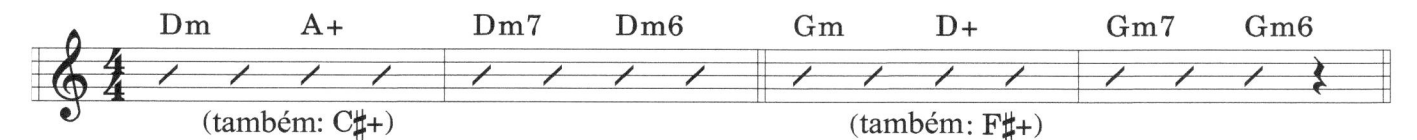

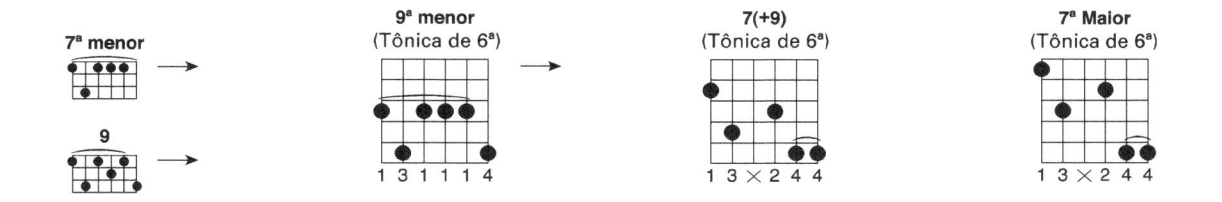

| Dm | A+ | Dm7 | Dm6 | Gm | D+ | Gm7 | Gm6 |

(também: C♯+)   (também: F♯+)

| 7ª menor | 9ª menor (Tônica de 6ª) | 7(+9) (Tônica de 6ª) | 7ª Maior (Tônica de 6ª) |

■ **EXERCÍCIO 2**

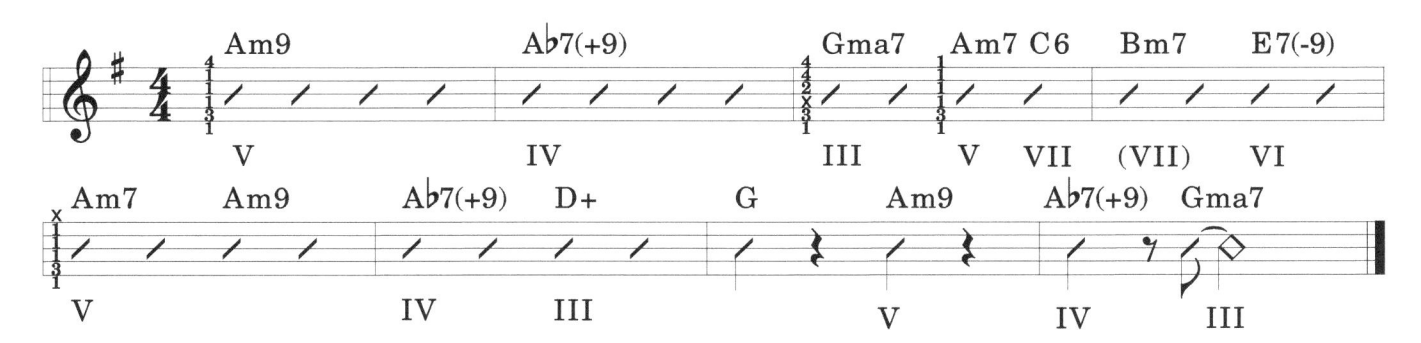

| Am9 | A♭7(+9) | Gma7 | Am7 C6 | Bm7 | E7(-9) |
| V | IV | III | V   VII| (VII)| VI |

| Am7 | Am9 | A♭7(+9) | D+ | G | Am9 | A♭7(+9) | Gma7 |
| V | | IV | III| | V | IV | III |

Dica de substituição: formas ♭5 e ♯5 são quase sempre intercambiáveis (como também +9 e ♭9).

Revisão da Quarta Posição
Duo Opcional com a Guitarra de Acompanhamento
Usando as duas escalas anteriores na posição IV.

A guitarra melódica toca colcheias consecutivas conforme escrito e no ritmo ♩. ♪. A guitarra de acompanhamento toca no tempo de valsa para ambos os tipos de ritmos de colcheias.

Procure material de leitura adicional. Certifique-se de que é fácil executar. Leia cinco ou mais páginas a cada dia. Toque os exercícios de cada página *não mais* do que duas vezes. Não pratique, não decore e não use as mesmas páginas em dias consecutivos. Varie o material e LEIA, LEIA, LEIA.

Posições de Acordes

A tônica dessa posição se encontra uma casa abaixo de qualquer nota dedilhada. Há quatro nomes possíveis, tal como o acorde 7 diminuto.

■ EXERCÍCIO

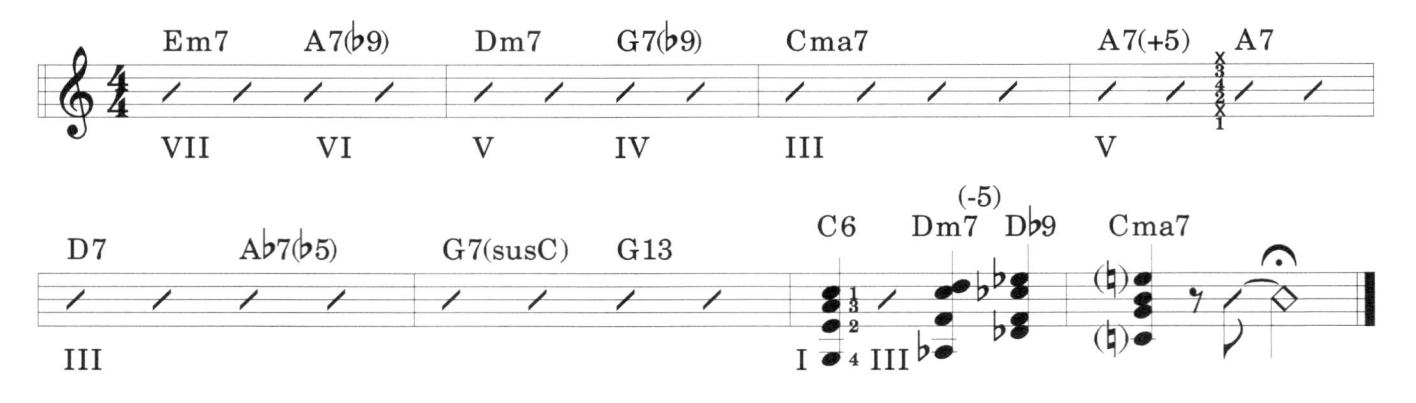

Comentários do autor

Este livro foi projetado especificamente para atingir dois objetivos:

1º Ensinar o estudante a ler música.

Dispositivos de ajuda têm sido eliminados o máximo possível. Indicações de dedilhado e contagem foram mantidas, o que considero um mínimo razoável.

2º O desenvolvimento gradual de destreza nas duas mãos.

Essa é a parte física no aprendizado da guitarra e, como tal, não pode ser precipitada ou apressada. Estude sem pressa, de forma a manter um ritmo equilibrado. Não pule, nem despreze nada, mas também não precisa ter perfeição em uma aula antes de prosseguir à próxima. A técnica de tocar é um processo cumulativo e você vai observar que em cada revisão do material tudo parece ficar mais fácil. Praticar de forma lenta, firme e com revisão constante resultará em rapidez e precisão.

Saliento que todas as músicas apresentadas para estudo neste livro são originais e foram criadas especialmente para guitarra. Cada composição foi projetada para desenvolver o conhecimento musical e a habilidade do estudante sendo, ao mesmo tempo, bem musical. Nos duetos não há divisão entre estudante e professor. Ambas as partes podem ser estudadas pelo aluno e quase todas são musicalmente independentes.

Não incluí "velhos favoritos" porque existem arranjos dessas músicas para guitarra publicados por várias editoras. Além do mais, não se aprende a ler música tocando melodias conhecidas.

Não é minha intenção fazer deste livro um dicionário de música, repleto de termos musicais e marcações, pois é mais importante que o estudante tenha o máximo possível de música para tocar. Os termos e marcações mais comuns são, naturalmente, usados e explicados. Se houver necessidade de informações mais aprofundadas, o mercado tem excelentes dicionários de música a preços bem acessíveis.

Acredito, no entanto, que com este método (ou com qualquer outro), você necessite de material adicional para treinar, pois, a sua habilidade final depende totalmente de sua vontade de ler e tocar o máximo possível.

Boa sorte e divirta-se!

Wm. G. Leavitt

Índice

ESTUDOS DE ARPEJOS
- Tonalidade de C Maior 61
- Tonalidade de F Maior 71
- Tonalidade de G Maior 81
- Tonalidade de D Maior 91
- Tonalidade de A Maior 101

ESTUDOS DE ACORDES
- 1 62
- 2 72
- 3 87
- 4 93
- 5 101

FORMAS DE ACORDES (ACOMPANHAMENTO RÍTMICO)
- Introdução 11
- Baixo e acordes 17
- Diagramas de acordes (posição aberta) 24, 30, 35, 39, 43
- Princípio de formas móveis 45
- Formas móveis 47, 50, 56, 58
- Formas móveis (Acompanhamento rítmico, parte 2)
    - Dedilhados básicos e derivados 67, 68, 72, 77, 83, 91, 97, 105, 107, 110, 116, 121
- Técnica da mão direita para acompanhamento de rítmo 69
- Rítmo básico latino 88

FUNDAMENTOS
- Information primária 3, 4, 12
- Sustenidos e bemóis 15, 100, 113
- Colcheias 18
- Pausas, ligaduras e pontuadas 21
- Semicolcheias 31
- A tercina 7
- Colcheias pontuadas e semicolcheias 42
- Tercinas de semínimas 111
- Harmônicos 83
- Efeito abafado 86
- Staccato, legato 93

ESTUDOS DE LEITURA 64, 74, 84, 94, 102
- Duos opcionais com guitarra rítmica
- Estudo melódico e rítmico nº1 92
- Revisão da segunda posição 108
- Revisão da terceira posição 114
- Revisão da primeira posição 118
- Revisão da quarta posição 122

ACOMPANHAMENTO RÍTMICO (VEJA FORMAS DE ACORDES)

DESENVOLVIMENTO DA MÃO DIREITA
- Estudos de palhetada 1, 2, 3, 4, 5 ....27, 33, 48, 69, 88
- Estudo de palhetada alternada invertida 52

Estudo dinâmico (duo) 54
Palhetada, uma técnica diferente 59
Estudo em tercinas 77
Estudo em colcheias pontuadas e semicolcheias 81
Rítmo latino básico 88
Estudo melódico e rítmico nº1 92
Estudo em semicolcheias 105

Ver também: (fundamentos) colcheias, semicolcheias, tercinas, colcheias pontuadas e semicolcheias, colcheias triplas, estudos de velocidade, arpejos, e solos marcados (*)

ESCALAS: ABERTAS (PRIMEIRA) POSIÇÃO

C Maior 4, 8, 12
G Maior 30
F Maior 35
B♭ Maior 50
D Maior 53
A Maior 56
E♭ Maior 57
A menor (três tipos) 39
E menor (três tipos) 43
D menor (três tipos) 47
Escala cromática 46

ESCALES: DEDILHADOS MÓVEIS (TOCANDO EM POSIÇÕES)

C Maior—Digitação tipo 1 (segunda posição) 60
F Maior—Digitação tipo 1A (segunda posição) 70
G Maior—Digitação tipo 2 (segunda posição) 80
D Maior—Digitação tipo 3 (segunda posição) 90
A Maior—Digitação tipo 4 (segunda posição II) 100
B♭ Maior—Digitação tipo 4,
E♭ Maior—Digitação tipo 3 112
A♭ Maior—Digitação tipo 2,
D♭ Maior—Digitação tipo 1 113
A♭ Maior—Digitação tipo 4,
D♭ Maior—Digitação tipo 3 (posição I, sem cordas soltas) 117
G Maior—Digitação tipo 1A,
D Maior—Digitação tipo 1 119
A Maior—Digitação tipo 2,
E Maior—Digitação tipo 3 120

SOLOS

Primeiro Solo 23
Segundo Solo 25
(*) Estudos de palhetada 1, 3, 4, 5 .... 27, 48, 69, 88
(*) Duo em F (1ª Guitarra) 36
Valsa em F 38
(*) Pretty Pickin' (1ª Guitarra) 40
(*) Take Your Pick (1ª Guitarra) 44
Estudos em acordes 1, 2, 3, 4, 5, ... 62, 72, 87, 93, 101
Balada (1ª Guitarra) 66

ESTUDOS DE VELOCIDADE 46, 78, 79, 98, 99, 106

CIP - BRASIL CATALOGAÇÃO NA FONTE
SINDICATO NACIONAL DOS EDITORES DE LIVROS, RJ

L479m

Leavitt, William
    Método moderno para guitarra, v.1
    / William Leavitt ; tradução Maria Helena Rubinato Rodrigues de
    Souza - São Paulo   :   Irmãos Vitale, 2007
    127p. :

Tradução de: A modern method for guitar, vol 1
ISBN 978-85-7407-222-7

1. Guitarra - Métodos. 2. Guitarra - Instrução e estudo.
3. Música para guitarra. I. Título

I. Gill, Danny, 1963-. II. Título.
07-1170   CDD 787.61
                                                                       CDU 787.61

EDITORAÇÃO DA EDIÇÃO BRASILEIRA
Marcia Fialho / Danilo David

TRADUÇÃO
Chris Hieatt

REVISÃO ORTOGRÁFICA
Marcos Roque

GERENTE DE PROJETO
Denise Borges

PRODUÇÃO EXECUTIVA
Fernando Vitale